Herderbücherei

Band 616

Über das Buch

Diese Anekdotensammlung füllt in ihrer frischen Ursprünglichkeit eine Lücke. Als solche hat sie ein Recht darauf, noch einmal die tiefe Herzenswärme des toten Papstes in den Menschenherzen aufflammen zu lassen. Vielleicht wollte dieser auch gar nicht mehr, als seine Mitmenschen wärmen. Er ließ die gelehrten, klugen Deutungen seiner Amtsführung, wie sie aus aller Welt kamen, wohl gelten, aber er war nicht blind vor den Grenzen seiner Möglichkeiten. Seinem Chauffeur murmelte er einmal zu: „Ich bin der Papst, der auch nur aufs Gaspedal drückt".

Stuttgarter Zeitung

Kurt Klinger

Ein Papst lacht

Anekdoten um Johannes XXIII.

Herderbücherei

Lizenzausgabe für Verlag Herder Freiburg
mit Genehmigung des Societäts-Verlages Frankfurt a. M.

Umschlagfoto: KNA Pressebild

1. Auflage Juni 1977
2. Auflage Januar 1978

Herder Freiburg · Basel · Wien
Herstellung: Freiburger Graphische Betriebe 1978
ISBN 3-451-07616-0

FÜR MARIANNE

Viribus unitis

Inhalt

Vorwort

Laß dir wohlgefallen die Rede meines Mundes
(Ps. 19,15)

Nichts strahlte die übergroße Menschlichkeit „Papa Roncallis“ heller aus als seine Extemporalien, seine Stegreifreden, seine Aphorismen. Wenn Johannes XXIII. vom Text seiner offiziellen Ansprachen und Reden abwich, wenn er die gütigen, aber auch scharf beobachtenden Augen über den Brillenrand hob, spitzten im wahrsten Sinne des Wortes alle Zuhörer, die des Italienischen mächtig sind, die Ohren. Man konnte sicher sein, daß etwas Sympathisches voller Humor, aber auch voller Demut und innerer Größe zugleich über seine Lippen sprang. In der Tat, es sprudelte dann lustig und belustigt aus seinem Munde: scherzhaft, manchmal köstlich ironisch, oft überschäumend heiter. Es waren bei solchen Gelegenheiten gewiß keine oratorischen oder literarischen Monumente – es sollten auch gar keine sein –, sondern einfache und herzliche Worte von Mensch zu Mensch. Er hat damit in das zähflüssige Zeremoniell des Vatikans eine Bresche geschlagen, die kein Nachfolger so schnell wieder zu schließen vermag, selbst wenn er es wollte. Durch diese Bresche, so formulierte es Domenico Bartoli in der italienischen Zeitschrift „Epoca“, konnte sich endlich „Wärme, menschliche Sympathie ergießen, wie man sie seit langer Zeit nicht mehr auf dem römischen Thron gesehen hat“. Angelo Roncalli hatte sich als Papst seine herkömmliche Einfachheit bewahrt, die es ihm ermöglichte, auch stolze Gemüter wieder in den Bann der Altäre zu ziehen, in erneuerter Seelsorge Katholiken und Nichtkatholiken zu fruchtbaren theologischen Gesprächen zusammenzubringen. Der deutsche Kurienkardinal Augustin Bea war ihm besonders hierbei zur erhofften rechten Hand geworden.

Niemals aber wurde bei Johannes XXIII. der Zeigefinger sichtbar. Um so tiefer drangen seine Ermahnungen ein, wirkten die Belehrungen nach. Ton und Stil machten diesen Papst zum „Pfarrer der Welt", zum Seelsorger des Universums. Programmatisch hatte Johannes erklärt, es gebe gefährliche Theorien, antichristliche Lehren und atheistische Systeme. „Die Kirche", sagte Johannes, „hat diesen Irrtümern immer widersprochen. Oft hat sie sie mit größter Schärfe verurteilt. Heute dagegen macht sie lieber vom Heilmittel der Barmherzigkeit als von der Strenge Gebrauch. Sie möchte den Nöten der gegenwärtigen Welt dadurch entgegenkommen, daß sie die Gültigkeit ihrer Lehre aufweist und nicht so sehr Verdammungen ausspricht." Laut Radio Vatikan ist das eine „echt evangelische Haltung" Papst Johannes' XXIII. gewesen. Der erneuerungswillige Papst Johannes hatte ebenso wie die mächtigsten Herren der Welt erkannt, daß im Raumzeitalter nur noch Leistungen anziehen und überzeugen. Im Falle der Kirche sind solche „Leistungen" eben das Aufweisen der Gültigkeit ihrer Lehre.

Dieser Papst wußte aber auch die Herzen seiner Mitmenschen zu finden und zu gewinnen. In den Massenaudienzen leuchteten ihm die Augen der Zuhörer entgegen, weil sie ihn verstanden, weil er nicht hochgelehrt, sondern volkstümlich sprach. Ebenso volkstümlich waren seine Extemporalien, mit denen er mehr Menschen wieder Christus zuführte und zum Gebet brachte als etwa ein Abraham a Santa Clara mit seinen Höllendrohungen. Robert Schuman sagte von Angelo Roncalli, als er zum Kardinal ernannt von Paris Abschied nehmen mußte: „Er ist der einzige Mensch in Paris, in dessen Gegenwart man geradezu körperlich eine Empfindung von Frieden verspürt." Auch überzeugte Atheisten konnten es sich nicht versagen, wenigstens das Vertrauen zu rühmen, das Johannes mit seiner schon zum Begriff gewordenen „politica roncalliana" um sich verbreitete. Sogar Alexei Adjubei, der Schwiegersohn Nikita Chruschtschows, mußte bekennen: „Johannes XXIII. ist ein Mann von wirklicher und großer Einfachheit, vor dem man tiefen Respekt und unmittelbares Vertrauen empfindet. In seiner Gegenwart gibt es keine Verlegenheit, keinen Zwang." Indem Johannes die Kirche entpolitisierte, festigte er ihre übernationale Stellung, zum Wohle ihrer apostolischen Sendung.

Diese „roncallische Politik" kann sein Nachfolger fortsetzen. Und Paul VI. bekundete schon 24 Stunden nach seiner Wahl am 21. Juni 1963, daß er die Grundlinien des gerade abgeschlossenen Pontifikats einhalten werde. Nicht übernehmen oder gar nachmachen kann ein Nachfolger von Papa Roncalli dessen besondere charakterliche Gaben, seinen Ton und Stil, die herzliche Fröhlichkeit, von denen es im Londoner „Daily Express" in einer Würdigung zum abgeschlossenen ersten Jahr seines Pontifikats im Oktober 1959 anerkennend hieß: „Der Papst muß über die Bilanz seiner ersten zwölf Regierungsmonate tiefste Genugtuung empfinden ... Sein Prestige bei den Gläubigen ist immens. Der von ihm ausgehende Einfluß auf die ‚getrennten Brüder', auf die Angehörigen der nichtkatholischen christlichen Kirchen, ist größer, als ihn jemals ein Papst zuvor hatte ... Mit der Ankündigung des Zweiten Vatikanischen Konzils hat er der katholischen Christenheit einen neuen großen Impuls verliehen ... Johannes XXIII. ist zudem *der erste fröhliche Papst,* den die Kirche seit langer Zeit hervorgebracht hat ..."

Am ersten Aschermittwoch seines Pontifikats empfing er beispielsweise wie jeder Gläubige die Asche und räumte so mit einem früheren Privileg der Päpste auf, denen nicht einmal ein Kardinal Asche auf das Haupt streuen durfte. Zu sich selbst, so bekannte Johannes einmal in einer Rede im Petersdom, habe er gesagt, „auch du, Papst, bist nur ein Mensch, und wirst eines Tages wieder zu Asche werden". Und ein weithin bekannter Monsignore aus dem päpstlichen Staatssekretariat verkündete in lateinischer Sprache am letzten Tage der Novene für den verstorbenen Johannes-Papst, und offizelle Trauerdelegationen aus 83 Staaten – eine bei einem Papstbegräbnis noch nie dagewesene Teilnehmerzahl – hörten es in der menschenüberfüllten Peterskirche: „Es ist kaum zu glauben, wie viele und welch große Unternehmen er in dem kurzen Zeitraum seiner Papstjahre erdacht und zu Ende geführt hat. Wahrlich, auf Johannes XXIII. lassen sich die Worte von Plinius dem Jüngeren anwenden: ‚Wenn man die Jahre mißt, so war seine Zeit nur eine geringe. Wenn man statt dessen die Ereignisse betrachtet, so war es eine ganze Epoche.'" Und ein protestantischer Theologe sagte über den „Konzilspapst": „Ein Mann des gesunden Menschenverstandes, umgänglich, ohne Komplexe, allerdings mehr Seelenhirt als Diplomat." Ein hoher Beamter der römischen Kurie, der sowohl Johannes XXIII. als auch Pius XII. gedient hat, erklärte: „Pius XII. war ein großer Papst. Johannes XXIII. war ein guter Papst, Pius XII. war ein großer Geist, Johannes XXIII. hatte ein großes Herz. Der Geist überzeugt, aber das Herz besiegt!" Johannes selbst weilte mit seinen Gedanken immer bei den Menschen. „Das Leben der Menschen", sagte er, „ist ein Weg zur Ewigkeit, zum Himmel. Man sollte ihn wohlbedacht zurücklegen, damit die Glückseligkeit niemals aufhört."

Die Liebe zu den Menschen hatte bei Johannes ihre starken Wurzeln in einer priesterlichen Seele, in seiner väterlichen Hirtensorge. Den Gläubigen, den einfachen Menschen gegenüber wollte er diese Liebe aber nicht mit einer tiefschürfenden theologischen Abhandlung deuten, die sie nicht verstanden hätten. Bei einer Gelegenheit erklärte er gewohnt volkstümlich: „Ich habe weder ein Leberleiden, noch bin ich nervenkrank. Mir gefällt es deshalb nun einmal, mit Menschen zusammen zu sein." Dieser für Papa Roncalli so typische Ausspruch wurde ebenso wie seine Extemporalien, seine Scherzworte und Bonmots vom vatikanischen „Osservatore Romano" niemals veröffentlicht. Ebenso typisch für Johannes war, daß er sich diese Zensur durch die Redaktion des „Osservatore Romano" gefallen ließ. Dennoch gehören seine oft bilderreichen Sprüche und die häufigen Beweise für seinen „sense of humor" zu einer getreulichen Lebensbeschreibung. Ohne sie ist das Bild Johannes' XXIII. unvollständig. Sie erst machten ihn zum populärsten Papst der Kirchengeschichte. Angelo Roncalli ironisierte selbst, als schon im Januar 1959 die fünfte Johannes-Biographie im Buchhandel erschien: „Sie sind alle ganz hübsch und auch interessant. Allen ist freilich nur eines gemeinsam: sie haben nichts oder nur sehr wenig mit mir zu tun."

Dieser Funke ist mit dem Tode Johannes' XXIII. nicht erloschen, ja, er wird vielleicht niemals mehr erlöschen. Er bildet neben dem Motto „biegen, nicht brechen!" die andere Komponente der „politica roncalliana". Wer freilich nicht italienisch verstand, dem waren parenthetische Genüsse und sinnige Geschichten von seltenem Einfallsreichtum und rarem Erinnerungsvermögen aus einer reichen Lebenserfahrung entgangen.

Deshalb also diese gewiß nicht vollständige Sammlung von Aussprüchen, Episoden, Anekdoten und Bonmots, die von den amtlichen und halbamtlichen vatikanischen Publikationsorganen zwar nicht registriert worden sind, die aber zu Johannes XXIII. gehören – dem lachenden Papst auf dem Stuhl Petri – wie zu einem würdigen Denkmal der Sockel aus Stein.

ERKANNT

Don Angelo Roncalli zeichnete in jungen Jahren auch als verantwortlicher Redakteur einer Diözesanzeitung, die er mitbegründet hatte: „La Vita Diocesana", das offizielle Organ der Bischöflichen Kurie von Bergamo. Im Impressum stand: Chefredakteur: Geistl. Rat Dr. Guglielmo Carozzi, Redakteur: Don Angelo Roncalli. Außerdem wirkte er mit bei der angesehenen, heute noch existierenden Zeitung „L'Eco di Bergamo" (Das Echo von Bergamo).

In den ersten Wochen seines Pontifikats trieb es Johannes unwiderstehlich auch in die Redaktions- und Druckräume des päpstlichen „Osservatore Romano". Der Papst kam unangemeldet, wie so häufig bei den Rundgängen durch sein „Reich". Weder Chefredakteur Raimondo Manzini noch Redakteure oder leitende Angestellte waren im Hause. Dem Papst schien das recht lieb zu sein.

Die Atmosphäre in der großen Druckerei fesselte ihn. Für den Fachmann hat Druckerschwärze einen faszinierenden Duft. Das Klicken und Rauschen der Druckmaschinen versetzt ihn in höhere Regionen, es beflügelt ihn, es macht ihn mächtig und frei. Minutenlang schloß der Papst die Augen und ließ das rhythmische Summen wie eine Melodie der jungen Jahre auf sich wirken. Ausführlich wollte der Papst sodann die modernen Errungenschaften der Zeitungsrotation und Drucktechnik erläutert haben. Die Arbeiter vergaßen ihre Scheu und sprachen mit dem Papst fast wie mit einem Kollegen. Er ermunterte sie dazu.

Am 27. Januar 1963 empfing Johannes XXIII. wieder einmal Pressevertreter, zu denen er sich ebenso heimlich hingezogen fühlte. Diesmal waren es die Journalisten der katholischen Zeitungen Italiens. Der Papst ermahnte die

Zuhörer eindringlich, gegen die Unmoral kräftig zu protestieren, vornehmlich gegen die sich nach seiner Überzeugung immer mehr ausbreitende Sittenlosigkeit im Film. Der Protest müsse so laut ertönen, daß ihn die Verantwortlichen nicht überhören könnten. Vor allem aber sollten die zuständigen Organe des Staates dadurch ermuntert werden, zum Schutze der Jugend die bestehenden Gesetze auch tatsächlich anzuwenden.

„Natürlich sollte die Presse immer nur im Dienste der Wahrheit stehen..." An dieser Stelle wich Johannes XXIII. von seinem Konzept ab, um den Journalisten zu sagen, daß auch sie nicht frei seien von Fehlern und daß ihr eigenes Verantwortungsgefühl sie täglich dazu zwingen müßte, ihre Worte genauestens abzuwägen.

„... und wenn ich mir hier erlaube", extemporierte Papst Johannes, „über die Aufgaben der Presse im allgemeinen und über die Journalisten im besonderen zu sprechen, so deswegen, weil ich kein blutiger Laie auf dem Gebiet bin. Damals, als Sekretär meines Bischofs von Bergamo, schrieb ich fast fünf Jahre lang Artikel und Berichte für die örtlichen katholischen Zeitungen. Ich weiß also, na, sagen wir, als halber Praktikus, ziemlich gut, daß die Journalisten manchmal ein *Schlenkerchen* machen."

Gemeint war nicht ein kleiner Schwindel, sondern ein eben noch zulässiger Kunstgriff. Der Papst gebrauchte das Wort *difettuccio,* von *difetto* (Mangel, Fehler). Die diminutive Endung „uccio" macht ein „Mängelchen", ein „Fehlerchen" aus dem „difetto". Übler gemeint ist die Verschlechterungsform „difettaccio". Daneben gibt es noch den „difettino" (kleiner Fehler oder kleiner Mangel) und den „difettone" als Vergrößerungsform, was einem groben Fehler entsprechen würde.

An diesem Beispiel zeigt sich, wie sehr man in beiden Sprachen zu Hause sein muß, um die Nuancen oder, wie die Italiener sagen, die „sfumature" (Abtönungen, Schattierungen) aufnehmen und sinngemäß wiedergeben zu können. Dem Esprit Johannes' XXIII. wird man hingegen nur gerecht, wenn für diesen „difettuccio" nicht die wörtliche Übersetzung benutzt wird, sondern eben das „Schlenkerchen". Unwillkürlich muß man dabei an die unter wissenschaftlichen Schreibern verpönte, schlenkernde Feder eines Journalisten denken, der zwar Fakten bearbeitet, sie aber in der Darstellung „griffiger", wenn nicht „reißerischer" aufmacht, je nachdem, an welches Publikum er sich wendet. Der Papst ließ dabei offen, ob er sich gelegentlich auch eines solchen „difettuccio" bediente oder sie nur bei seinen damaligen weltlichen Redaktionskollegen beobachtet hat.

BRIEFGEHEIMNIS

Ein Kunstgriff, wenn man so will, ein Schlenkerchen, ist zumindest aus der Kindheit von Angelo Giuseppe Roncalli verbürgt. Es bewahrte ihn indessen nur vor einer mächtigen priesterlichen Schelte, nicht aber vor einer gewaltigen Standpauke zu Hause.

Angelino, wie er noch zärtlich von seiner Mutter genannt wurde, war acht oder neun Jahre alt, als die Eltern, durch Pfarrer und Lehrer ermuntert, ihn in das schöne bischöfliche Kolleg von Celana schickten. Für den Weg von Sotto il Monte benötigte Angelino hin und zurück täglich immerhin vier Stunden. Oft kehrte der Junge nach Einbruch der Dunkelheit heim, um dann noch müde und abgespannt seine Schularbeiten zu machen. Von den Eltern war keine Hilfe zu erwarten, denn Latein hatten sie niemals gelernt.

Zermürbt ob der physischen Anstrengung ließ eines Tages die Konzentrationsfähigkeit nach. Angelino war zerstreut und wollte auch nicht mehr mit dem gleichen Eifer wie früher hinter den Büchern sitzen. Die Eltern richteten nichts aus. Da verfielen sie auf die Idee, dem Jungen eine Gardinenpredigt zu verpassen. Ein in der Umgebung wohnender, der Familie wohlgesinnter Priester sollte das besorgen. Flugs schrieb der Vater einen Brief und trug Angelino auf, selbst dem Priester den Brief zu überbringen. Unterwegs, Schlimmes ahnend, riß Angelino den Umschlag auf, las die schreckliche Kunde und zerfetzte die Aufforderung an den Priester, ihn ins Gebet zu nehmen. Die Briefschnipsel ließ er in alle Windrichtungen flattern. Der Entschluß war heilsam für sein ganzes Leben: fortan brauchte er nicht mehr ermahnt zu werden.

ZARTER WINK

Mitgefühl für den Geringeren war eine der hervorragendsten Tugenden Papst Johannes' XXIII. Sein soziales Denken formte sich bereits im armen Elternhaus, und an der Seite von Bischof Graf Carlo Radini Tedeschi, dem er in jungen Jahren als Sekretär diente, festigte es sich für sein ganzes Leben zu einem unabdingbaren moralischen Standpunkt. Der adlige Bischof hat sich durch sein Einsetzen für die elementarsten Rechte der Arbeiter – er führte sogar einmal einen Streik mit an – unvergeßlich in das Ehrenbuch der katholischen Arbeiterbewegung Italiens eingeschrieben.

Wer egoistische Standesunterschiede praktiziert, dem war dieser Papst nicht gewogen. Johannes XXIII. ließ denn auch keine Gelegenheit aus, um seiner Umgebung immer wieder zu predigen: „Wo ich bin, da soll mein Diener auch sein..." (Joh. 12,26).

Einmal, in einer Audienz im Frühjahr 1963, ermahnte er alle „hohen Herren", ihre Dienerschaft nicht als eine mindere Sorte Menschen zu betrachten und so zu behandeln. Anwesend waren die Kardinäle Cicognani, Urbani, Testa und Di Jorio. Er könne sich gut erinnern, erläuterte Papst Johannes, wie häßlich es sei, wenn man zurückgesetzt wird. Er ließ zum Beispiel im Fond seines 300er Mercedes, in dem thronartig nur ein großer Sessel eingebaut ist, eigens einen Klappsitz für den Sekretär anbringen.

„Damals, als Sekretär meines Bischofs, mußte ich oft hinterherlaufen, wenn der hohe Herr davonfuhr, weil in der *Carrozza* kein Platz für mich war."

Mit viel Schalk in den Augen blickte der Papst bei diesen Worten in die Richtung der vier Purpurträger.

„Mein Padrone konnte an seiner Pferdekutsche ja nichts ändern. In den Fahrzeugen von heute ist dagegen viel mehr Platz ..."

FREUDENTRÄNEN...

Die aus Bergamo stammenden Italiener betonen gern, daß ihre engere Heimat nicht zur Lombardei gehört, obwohl italienische Landkarten dies so bezeugen, sondern zum „Veneto". Die fünf Jahrhunderte, in denen die Bergamasker unter venezianischer Herrschaft lebten, hätten ihren Charakter geformt, der dem der Mailänder ganz und gar nicht ähnlich sei. In der Tat, die Bergamasker sind herzlicher, verstehender, sanftmütiger. Ihre musische Veranlagung, ausgeprägt in Vorliebe für Musik, für bildende Kunst und auch in der religiösen Innigkeit, geht angeblich auf die Etrusker zurück. Die Etruskologen mögen vielleicht sogar recht haben, die etruskische Sarkophag-Skulptur von dem beleibten Magistratsherrn Laris Pulenas im Museum von Tarquinia (3.–2. Jh. v. Chr.) mit einem Porträt Johannes' XXIII. zu vergleichen. Etruskischer Abstammung zu sein wurde übrigens bei den Römern stets hoch bewertet.

Papst Johannes XXIII. machte mit seinen scharfsinnigen Bonmots den Bergamaskern alle Ehre. Gleichzeitig konnte er es als echtes Kind seiner Scholle nie an Aufrichtigkeit fehlen lassen. Manchmal wurde ein liebenswürdiger Scherz, um ihn als direkten Bezug zu mildern, in schwer verständlichem Bergamasker Dialekt so hastig, wie diese Mundart nun einmal klingt, nur eben hingeworfen. So verstanden nur die leiblichen Brüder und die aus Sotto il Monte anwesenden Mitbürger seine Worte, als der am 10. August 1904 zum Priester geweihte und frisch gebakkene Doktor der Theologie, Don Angelo Guiseppe Roncalli, seine erste heilige Messe in der heimatlichen Pfarrkirche hielt. Die ganze Roncallifamilie war diesmal dabei.

Die voraufgegangenen Messen, am 11. August in den Grotten von St. Peter in Rom, am 13. August in Florenz und am 14. August im Dom zu Mailand waren Etappen, die den stolzen und dennoch so bescheidenen jungen Priester dem großen Augenblick der Primizfeier in seinem Geburtsort entgegenführten. Mit bewegter Stimme flüsterte Don Roncalli nach der Messe den vor Rührung weinenden Gemeindemitgliedern zu: „Liebe Brüder“ –, und zu den leiblichen Brüdern gewandt –, „meine lieben echten Brüder, vergießt nicht so viele Freudentränen! Euch so weinen zu sehen macht mich nämlich ganz traurig.“

MANCHMAL SIND WIR ALLE BLIND

Programmatisch hatte der neue Papst an seinem Krönungstage, dem 4. November 1958, erklärt: „Der neue Papst möchte vor allem in sich selbst jenes leuchtende Bild des Guten Hirten verwirklichen, das Uns vom Evangelisten Johannes beschrieben wird ... In besonderer Weise liegen Uns die Aufgaben des Guten Hirten der gesamten Herde am Herzen.“

Gleich nach dem Pontifikalamt im Petersdom ließ er sich am 25. Dezember 1958 nacheinander in die römischen Kinderkrankenhäuser „Bambino Gesù“ und „Santo Spirito“ fahren. Die nur kurzfristige Ansage aus der Vatikanstadt hatte eine so große Überraschung ausgelöst, daß niemand so recht an den Papstbesuch glauben wollte. „Il Papa“ will die kranken Kinder besuchen? Sie trösten, ihnen seinen Weihnachtssegen persönlich bringen? So etwas hat es bisher noch nie gegeben! Der Chefarzt vom „Bambino Gesù“ mußte sich durch einen Rückruf im Staatssekretariat überzeugen. Es war die heilige Wahrheit: der Papst kommt.

Kaum hatte Papst Johannes den ersten langen Korridor betreten, da schrie und rief es aus allen Sälen: *„Papa, Papa, vieni qui! Papa Giovanni una benedizione!“* (Heiliger Vater komm hierher! Papst Johannes segne uns!) *„Silenzio“!*

rief der Papst mit lauter Stimme, „ich komme ja zu allen, wartet ab."

Am ersten Bett fragte Johannes: „Wie heißt du?" Der Kleine antwortete: „Angelo" (Engel). „Auch ich hieß mal Angelo", gab der Papst zurück, „aber jetzt hat man mir einen anderen Namen gegeben." Ein anderer Junge antwortete auf die Frage nach seinem Alter, er sei neun Jahre alt. Der Papst: „Ich bin zwar ein paar Jahre älter, aber dennoch haben wir beide den gleichen Vater: nämlich den lieben Gott."

Unter den bald als geheilt zu Entlassenden befand sich auch der zwölfjährige Silvio Colagrande, dem das Augenlicht durch eine Hornhautübertragung wiedergeschenkt worden war. Der sterbende Priester Don Gnocchi hatte sie dem Jungen vermacht. „Ich sehe dich mit den Augen Don Gnocchis", rief Silvio dem Papst fröhlich zu. Daneben lag ein Knabe, dem beim Spielen ungelöschter Kalk in die Augen gespritzt war. Tröstend sagte der Papst dem Jungen, es werde sich hoffentlich auch für ihn ein Augenspender finden. „So schlecht sind die Menschen nämlich gar nicht."

Tränengerührt trat der Papst sodann an das Bett des siebenjährigen Carmine Gemma, der rund drei Monate vorher infolge einer bösen Hirnhautentzündung erblindet war. Fast leblos lag der sonst so kräftige Junge im Bett. Beim Näherkommen des Papstes rief er: „Du bist der Papst, ich weiß, aber sehen kann ich dich nicht."

Johannes setzte sich auf die Bettkante und streichelte minutenlang die bleichen Kinderhände, wortlos. Dann, nach einer Weile, wie in einem Selbstgespräch: „Manchmal sind wir alle blind."

MASS-SCHNEIDER

Eben war die Entscheidung im Konklave gefallen. Die anwesenden 51 Kardinäle hatten im elften Wahlgang einen der ihren zum neuen Papst gewählt. Neben der Sixtinischen Kapelle hatten die Hofschneider Papstgewänder in fünf verschiedenen Größen bereitgelegt. Nach erfolgter Wahl darf der Betreffende nicht mehr Purpur tragen, sondern nur noch im päpstlichen Weiß auftreten. In der Sedisvakanz waren nach eigener Schätzung der Schneider und nach Angaben des Kardinalkämmerers die Papstgewänder vorbereitet worden.

Kardinalkämmerer Benedetto Aloisi Masella hätte eigentlich allen Purpurträgern – auch sich selbst – „maßnehmen" lassen müssen, denn jeder Kardinal ist in der Sedisvakanz ein „Kronprinz" der Kirche, ein möglicher Papst. Demnach wären insgesamt 53 verschiedene Gewänder fällig gewesen, nämlich für jeden lebenden Kardinal eines. Dies trifft aber nur theoretisch für alle zu. Wirklich „papabile" sind immer nur wenige. Papabile heißt soviel wie zum Papst geeignet. Der Berliner würde sagen: papstverdächtig. Die Kardinäle Mindszenty (Budapest) und Stepinac (Zagreb) fehlten, weil sie die Ausweisung aus ihren Ländern nicht akzeptieren konnten.

Bei der Wahl Pius' XII. lagen übrigens traditionsgemäß nur drei verschiedene Größen bereit. Eine Soutane paßte ihm nachher wie angegossen. Immerhin, er war Kardinalstaatssekretär...

Die größere Unsicherheit über den Pacelli-Nachfolger prägte sich auch darin aus, daß der vatikanische „Osservatore Romano" diesmal insgesamt 25 Biographien von „Papabili" vorbereitet hatte, während die Zeitung in der Sedisvakanz zwischen Pius XI. und Pius XII. nur zehn im Satz hatte. Die elf Wahlgänge sagen dem Außenstehenden, zum Unterschied der Wahl Pius' XII., der schon im dritten Wahlgang Papst geworden war, wie erregend das Konklave verlaufen sein muß, aus dem Johannes XXIII. hervorgegangen ist.

Kardinalkämmerer Aloisi Masella brauchte jedoch nur theoretisch an alle zu denken. Seit Hadrian VI. hat es bis zum heutigen Tage in ununterbrochener Reihenfolge immer nur Italiener auf dem Stuhl Petri gegeben. Die nichtitalienischen Kardinäle sind unter sich uneins. Der „Ausweg" ist immer ein Italiener. In Wahrheit ist es aber gar kein Ausweg. Der Italiener bewahrt auf dem Stuhl Petri nämlich einen unparteiischen Standpunkt, jedenfalls aber eine gewisse Haltung, die ihn eher zum Katalysator in einer internationalen katholischen Umwelt prädestiniert, als etwa einen strengen Deutschen, einen kreuzzüglerischen Iren oder einen eifernden Amerikaner.

Der Kardinalkämmerer und die Schneider brauchten also ihr Augenmaß nur auf die italienischen „Größen" zu werfen. Aloisi Masella ließ dennoch entgegen der Tradition fünf Soutanen anfertigen, und zwar geschätzt nach den Figuren der Kardinäle Agagianian, Ottaviani, Ciriaci, Ruffini und Mimmi. Angelo Roncalli, der erst im Konklave zu den „papabilissimi" geworden war, konnte sich gern in der „corporis constitutio" eines Ottaviani oder Ciriaci wiedererkennen, Aloisi Masella übrigens auch.

Wer sich nun verkalkuliert hat, wird wohl historisch einwandfrei nie nachgewiesen werden können. Es sei denn, ein Schneiderlein plaudert mal aus der Werkstatt. Auf jeden Fall war von einem Hineinschlüpfen in das, was die Schneider Roncalli entgegenhielten, keine Rede. Umständlich zwängte man ihn in die weiße Soutane. Während alle zuständigen Konklavisten noch unter tausend gemurmelten Entschuldigungen am zu knappen Gewand herumzerrten, sprudelte Johannes heraus: „Alle wollten mich, nur die Schneider nicht!"

IN KETTEN

Man sagt, Napoleon habe die Hände oft hinter dem Rükken zusammengehalten. Karl der Große hielt sie unter dem Umhang verborgen. Der heilige Augustin umklammerte das Kreuz. Eugenio Pacelli hielt sie weit ausgebreitet nach oben, die Handflächen zum Volk gerichtet. Die Hände Pacellis seien durchsichtig und feingliederig gewesen, sagt man.

Nun, die Hände Johannes' XXIII. waren so ziemlich

genau das Gegenteil von den Piushänden. Rada Chruschtschowa, die Tochter des Kremlchefs, die mit ihrem Mann und Iswestija-Chefredakteur Alexei Adjubei vom Papst am 7. März 1963 in einer Sonderaudienz empfangen wurde, sagte danach von den Händen Johannes' XXIII.: „Kaum war der Papst von seinem Thron aufgestanden und hatte seine Hände zum Segen erhoben, war ich versucht, ihm zu sagen, daß er große, gute Bauernhände habe, genau wie mein Vater. Aber ich fand nicht den Mut, es ihm zu sagen, doch wahr ist es. Ich habe mir seine Hände nochmals genau angesehen, als er Alexei und mir ein paar symbolische Geschenke überreichte, auch für meinen Vater, wobei er sagte: ‚... und das ist für Ihren Papa'."

Das Volk von Rom war genau wie der päpstliche Hofstaat den großartigen, die Welt mit den Armen und Händen umspannen wollenden Segensauftakt Pius' XII. gewöhnt. Enttäuschte Gesichter reihum auf dem Petersplatz; denn, als Johannes XXIII. zum Segnen anhub, brachte er kaum die Arme hoch. Den Römern schien das Kreuzzeichen eine kümmerliche Geste, nur so aus dem Handgelenk heraus, fast unsichtbar und fast in Höhe der Hüfte.

In die Benediktionsaula hinter der Loggia zurückkehrend, zeigte der Papst mit hilfloser Gebärde, wie wenig Spielraum ihm die neue Soutane gelassen habe, zur Erklärung, weshalb die segnenden Arme und Hände nicht hochkamen. „Hier, seht nur", rief er lachend den Umstehenden zu, „das sind die Ketten des Pontifikats ..."

EIN ZWEIFEL

Das mühsame Einkleiden in die nicht maßgerechten Papstgewänder war beendet. Johannes XXIII. bestieg zum ersten Mal die „Sedia gestatoria", um sich als neuer Pontifex maximus den Gläubigen zu zeigen. „Wer weiß", raunte der Papst seinem Sekretär, der ihn zu der mittleren äußeren Loggia der Peterskirche begleitet hatte, beim Anblick der brodelnden Menschenmasse zu, „ob die mich da unten auch alle mögen, obwohl sie mich nicht gewählt haben? ..."

SCHÖNHEIT

Die Menge hatte den ersten Segen „Urbi et Orbi" von ihrem neuen Papst Johannes XXIII. empfangen. Eisverkäufer, Maroniröster und Devotionalienhändler erhoben sofort ihre Stimmen und priesen in scheppernder römischer Mundart lautstark ihre Waren an. Das Geschäft blühte. Die Masse zerstreute sich nur langsam, fröhlich schnatternd und schwatzend. „*Finalmente* (endlich) haben wir wieder einen Papst", war aus dem abertausendstimmigen Geschwätz und Gekicher am deutlichsten herauszuhören. Da übertönte die Stimme einer üppigen römischen Mutter alle anderen. Sie rief ihren fünf Bambini zu: „Schön ist er ja nich, aber 'n gutes Herz hat er sicher!"

BREVIER

Daß bei dem soeben neugewählten Papst Johannes XXIII. die Seelsorge, das praktische Christentum, an oberster Stelle stehen würde, hatte die Umwelt alsbald begriffen. Die ersten Feierlichkeiten im Konklave, auf der äußeren mittleren Loggia der Peterskirche, der zum ersten Mal erteilte Papstsegen „Urbi et Orbi" waren vorüber, der Jubel der Massen verklungen, die lange Kette der Gratulanten endlich am Ende angelangt. Leicht abgespannt auch wegen der inneren Erregung, nun das Kirchenschiff allein durch alle Klippen steuern zu müssen, begab sich der Papst am sehr späten Abend des 28. Oktober 1958 in die im dritten Stock des Apostolischen Palastes gelegenen Papstgemächer. Er hatte vorher noch die Erlaubnis zum Entfernen der Siegel gegeben, ohne die Räumlichkeiten als erster betreten zu haben. Einer alten Bestimmung zufolge wird nach dem Tode eines Papstes dessen Wohnung versiegelt, und nur der neue Papst darf die Siegel brechen. Er soll die Räume auch als erster betreten, um vielleicht gar eine bislang unbekannte geschriebene oder gegenständliche Hinterlassenschaft seines Vorgängers zu sichten und gegebenenfalls auch wohl sicherzustellen. Pius XII. aber war in der Sommerresidenz Castelgandolfo verschieden. Eine gründliche Inspektion der vatikanischen Wohnung durch Johannes erübrigte sich demnach.

Es herrschte ein emsiges Gehen und Kommen. Kisten und Einrichtungsgegenstände wurden hin und her geschleppt. Diener und Handwerker waren dabei, die Papstresidenz wieder wohnlich zu gestalten. Den Papst hatten die vielen Leute kaum bemerkt, denn er setzte sich still in eine weniger frequentierte Ecke, nahm sein Brevier hervor und begann darin zu beten. So fand ihn sein Sekretär. Der Neugewählte blickte auf, lächelte und sagte, ohne sich um das langsam abklingende Durcheinander zu kümmern: „Ja, lieber Freund, ich bin durch das am heutigen Tage Vorgefallene im Rückstand mit dem Brevierbeten. Ich habe noch die Vesper und die Komplet nachzuholen."

SCHWINDLIG

Recht langsam gewöhnte sich Johannes XXIII. an das Gefühl, auf der „Sedia gestatoria" umhergetragen zu werden. Er hatte aber Verständnis dafür, so überhöht durch die Menge getragen zu werden, weil schließlich jeder Pilger und Gläubige, der vielleicht eine beschwerliche Reise nach Rom hinter sich gebracht hatte, den Papst deutlich sehen möchte.

Nach einer der ersten Massenaudienzen, zu denen er sich auf dem Tragthron sitzend begab, sprach Johannes beim Verlassen der kostbar geschmückten wertvollen päpstlichen Sänfte zu den „Sediari", den Trägern: „Die Wackelei auf diesem Schaukelstuhl macht mich ganz schwindlig."

Nur wenige Wochen nach der Thronbesteigung vertraute Papst Johannes einem seiner Mitarbeiter an, daß es ihm einfach nicht mehr gelinge, einmal eine Nacht ruhig durchzuschlafen. Er fühle sich zu einsam, und das raube ihm den Schlaf. Er benötige tagsüber mehr Anregung, mehr Ansprache, um nicht mit dem Gefühl des Verlassenseins einschlafen zu müssen. Der andere schwieg. „Meinen Sie nicht, daß wir unsere braven Nönnchen aus Bergamo kommen lassen sollten?"

Die „Nönnchen" wurden geholt. Sie sollten nicht nur den päpstlichen Haushalt versorgen, sondern auch für den engeren Hofstaat kochen. Sie kannten den Geschmack des Papstes: einfach, aber würzig. Außerdem erfüllte nunmehr ihr breiter Bergamasker Dialekt den Apostolischen Palast, womit dem Papst gleichsam auch die vermißte Ansprache geboten ward.

Noch immer aber gelang es ihm nicht, in den Privatstunden mit sich selbst zu leben. Er konnte sich nicht daran gewöhnen, allein zu Tisch zu sitzen, allein seine Mahlzeiten einzunehmen, wie es Pius XII. immer und ohne Ausnahme zu halten pflegte. Sodann forderte Johannes nacheinander Kurienkardinäle auf, ebenfalls seine Tischgäste zu sein. Und nach und nach wurden Bischöfe aus allen Erdteilen zum päpstlichen Mittags- oder Abendtisch gebeten, die zu ihren *Ad-limina*-Besuchen in der Ewigen Stadt weilten.

Einmal wagte es ein hoher Tischnachbar, Johannes an die einsiedlerische Essensgewohnheit Pius' XII. zu erinnern. „Gut und schön", gab Johannes zurück, „die Gewohnheit schätze ich, und ich will sie für meinen Vorgänger auch durchaus gelten lassen. Ich meinerseits aber habe keine Stelle in der Bibel gefunden, die es dem Papst vorschreibt, allein zu speisen."

Patriarch Roncalli war am 12. Oktober 1958 aus Venedig ohne ein persönliches Ausweispapier nach Rom zum Konklave abgefahren, aus dem er als Papst hervorging. Sogar sein Testament, das er bei anderen Gelegenheiten mitzunehmen pflegte, fehlte diesmal im Reisegepäck. Den Venezianern hatte der Patriarch bei der Abreise zugerufen, er hoffe, in wenigen Tagen wieder zurück zu sein.

Am 29. Oktober 1958 sah Johannes XXIII. vom Fenster der Papstgemächer den weiten Petersplatz unter sich liegen. Eine Kardinalslimousine nach der anderen verließ die Vatikanstadt. Das Konklave war endgültig beendet. Etwas wehmütig blickte der Papst den Wagen nach, in denen die Purpurträger davonfuhren, deren „Kollege" er noch vor 24 Stunden gewesen war. Mit einem Seufzer wandte er sich schließlich ab und murmelte zu den Umstehenden: „Zurück hätte ich ja ohnehin nicht mehr gekonnt: nicht 'mal meine Kennkarte habe ich bei mir."

ADEL

„Papa Roncalli" hatte kaum den Papstthron eingenommen, da wurde auch ihm die traditionelle Frage vorgelegt, welche Titel künftig seine engsten Angehörigen tragen sollten. Die Päpste haben seit altersher das Recht, dem engsten Verwandtenkreis hochtrabende Titel zu verleihen. So können plötzlich Grafen und Fürsten aus den einfachen Menschen werden, die zufällig Brüder, Schwestern oder Neffen eines neugewählten Papstes bürgerlicher Herkunft sind. Die drei Pacelli-Neffen Carlo, Giulio und Marcantonio hatten ihren Titel schon geerbt. Ihr Vater Francesco hatte vom italienischen König einen erblichen Prinzentitel erhalten. Der Papst kann seinen Verwandten auch fürstliche Gemächer in der Vatikanstadt zur Verfügung stellen, in denen sie mietfrei wohnen oder gar Hof halten können.

Die Fragesteller von Amts wegen wußten, daß ihnen

Johannes XXIII. einen Korb geben, ja, sie nicht einmal verstehen würde. Dennoch, gefragt mußte werden, so will es die Tradition, das Protokoll aus einer verstaubten Epoche. Die Zeremonienmeister hatten beinahe Sorge, diesem Papst eine solche Frage vorzulegen. Sie faßten sich aber ein Herz und dachten dabei an „Papa Sarto", den heiliggesprochenen Pius X., der, wie Johannes, aus ärmlichen Verhältnissen stammte und der es ebenfalls abgelehnt hatte, seine drei Schwestern zu adeln.

Johannes XXIII. bedeutete ihnen mit verhaltener Stimme, sie einfach „Brüder und Neffen des Papstes" zu nennen, nämlich als das zu bezeichnen, was sie wirklich sind. „Ich glaube, das genügt. Und mir scheint, da sie zudem den Wunsch geäußert haben, weiterhin in ihren ärmlichen Behausungen in Sotto il Monte zu bleiben, daß es keinen besseren Adel für sie gibt."

ÜBERRASCHUNGEN

Rund 300000 Römer, Gläubige, Touristen und Schaulustige jubelten, als am 28. Oktober 1958 der Name des neugewählten Papstes verkündet wurde: Angelo Giuseppe Roncalli, Patriarch von Venedig. Es folgte der überraschende Papstname: Johannes XXIII. Noch lauter wurde die Zustimmung, als sich der neue Papst auf der äußeren mittleren Loggia der Peterskirche zeigte und seinen ersten Segen „Urbi et Orbi" erteilte. Heller als sonst war der Petersplatz erleuchtet. Die zusätzlichen Scheinwerfer stammten von der italienischen Fernsehgesellschaft RAITV, die so zu der Ehre kam, als erste Fernsehgesellschaft eine Papstverkündigung aufzunehmen und in den Äther auszustrahlen.

Die Kardinäle, die Roncalli im elften Wahlgang zum Nachfolger Pius' XII. erkoren hatten, wollten ihre Koffer packen, um nunmehr in die Residenzen und Heimatdiözesen zurückzukehren. Der Erzbischof von New York, Kardinal Francis Joseph Spellman, hatte noch für den gleichen Abend einen Platz im Flugzeug nach den USA belegen lassen. Den kränkelnden Kardinal Canali drängte es in die eigenen Privatgemächer. Es herrschte allgemeine Aufbruchstimmung. Johannes aber teilte sie nicht. Er dachte anders, doch nicht, weil er, Papst geworden, nun nicht mehr „abreisen" konnte, sondern weil er diese einzige große Chance nicht auslassen wollte, die illustren „Sachkenner" über den Vatikan im allgemeinen und über das Papsttum im besonderen auszufragen. Kurzum, er befahl dem verblüfft dreinschauenden Konklave-Marschall, dem Prinzen Chigi, der ihm das Schlüsselbund überreichen wollte, alle Türen noch bis zum anderen Morgen verschlossen zu halten. Statt Koffer packen zu lassen, befahl Johannes der Küche, ein Abendessen für alle Kardinäle und Konklavisten vorzubereiten. Gewaltige Überraschungen!

Während der sehr herzlich verlaufenen Abendtafel ließ sich der neue Papst von jedem einzelnen über die Gepflogenheiten im Vatikan berichten. Er interessierte sich für alle religiösen, politischen, wirtschaftlichen und sozialen Details. Die Überraschung unter den Kardinälen war groß, denn noch niemals zuvor hatte sich ein Konklave über den Wahltag hinaus ausgedehnt. Von diesem Tage an schon wußten viele, daß dieser Papst beileibe kein „Übergangspapst" sein würde, daß dieser Papst eigene Wege gehen würde. Die Gespräche an der historischen Abendtafel endeten ohne päpstliche Kommentare. Sie legten indessen den Grundstein für so manchen folgenden Beschluß des Papstes.

Als der neue Sekretär des Papstes nach den ersten Wochen des neuen Pontifikats gefragt wurde, wie es seinem „Chef" in der neuen Umgebung gefalle und „was macht er denn?", antwortete er überraschend und so lakonisch, wie er es oft bei seinem Herrn erlebt hat: „Papst".

„Partito Popolare" (Volkspartei), in Italien auch kurz „Popolari"-Partei genannt, ist die Vorläuferin der heutigen „Democrazia Cristiana". Gegründet wurde die „Popolari" nach dem ersten Weltkrieg und vor dem Faschismus von Don Luigi Sturzo und Alcide De Gasperi. Aus ihr gingen fast alle namhaften christlich-demokratischen italienischen Nachkriegspolitiker hervor. Sie entsprach in ihren Zielsetzungen der damaligen deutschen Zentrumspartei. Der weitaufgeschlossene und fortschrittliche italienische Klerus, zu dem sich Angelo Roncalli zählte, begrüßte das Aufkommen der PP, denn in dieser ersten wirklichen katholischen Partei Italiens, die diesen Namen verdiente, konnten sich die politischen Energien und Qualitäten der Katholiken voll entfalten. Mit dem 20. September 1870 war die tausendjährige Geschichte des Kirchenstaates zu Ende, und Papst Pius IX. wollte den neuen italienischen Einheitsstaat dafür „strafen", indem er es den Katholiken mit seinem *non expedit* verboten hatte, an den Wahlen zum Parlament als Wähler oder als Gewählte teilzunehmen.

Einen Tag nach seiner Wahl zum römischen Pontifex mußte Johannes XXIII. viele Schriftstücke und Urkunden unterzeichnen. Bevor er jedoch zum ersten Mal seinen Papstnamen schrieb, übte er auf Schmierbogen, wie es neuernannte Prokuristen auch zu tun pflegen. Natürlich nicht vor der Belegschaft. Auch Johannes warf erst einmal in seinem Arbeitszimmer allein für sich den erforderlichen neuen lateinischen Namenszug schmissig aufs Papier. Es dauerte nicht lange, und er war mit seinen Versuchen zufrieden. Gerade war das erste amtliche Dokument unterfertigt, als ihm Staatssekretär Tardini gemeldet wurde. Erfreut über den klaren Schriftzug mit einem graphologisch musterhaft schwungvollen Fundamentstrich darunter, zeigte er Tardini sein Werk. Beide schauten nun auf das Blatt und lasen: Johannes XXIII PP [Papa Pontifex]. Der Papst wies auf die beiden Buchstaben PP und murmelte anerkennend, gar bewundernd zu dem verblüfft dreinschauenden Kardinalstaatssekretär: „Partito Popolare".

VORSATZ

Dem Papst fiel es anfangs schwer, die neuen Gewänder, die ihm nach seiner Wahl zum römischen Pontifex angefertigt worden waren, so rasch anzulegen, wie er es bislang gewohnt gewesen war. Johannes XXIII. verspätete sich daher häufiger und nicht nur zu den allgemeinen Audienzen, sondern auch bei Empfängen für hohe und höchste Besucher. Natürlich wagte kein Hofbeamter, etwas zu sagen. Andererseits machte man sich in der Protokollabteilung des Päpstlichen Staatssekretariats teils betuliche, teils ernsthafte Sorgen. Letztere immer dann, wenn eine weltliche Persönlichkeit zu einer Privataudienz in den Vatikan kam. Manchmal mußten auch solche Besucher bis zu einer Stunde ausharren.

Ermutigt durch die inzwischen bereits sprichwörtlich gewordene Güte des neuen Papstes, bearbeiteten verschiedene Zeremonialbeamte unabhängig voneinander mehrmals Kardinalstaatssekretär Domenico Tardini, er möge zu Seiner Heiligkeit von dem unhöflichen Zuspätkommen sprechen. Nicht gar so ungern unternahm es der Römer Tardini, dem präzisen Bergamasker Roncalli „eins auszuwischen". An sich sind nämlich die Römer als die geborenen „Zuspätkommer" berühmt, während die Norditaliener – also auch die Bergamasker – gern von sich sagen, sie hätten die Präzision und Pünktlichkeit der Nordländer in sich. Von den Piemontesen wird gar behauptet, sie seien „die Preußen Italiens".

Vorsichtig, sein Ziel behutsam von weitem ansteuernd, legte Tardini genüßlich los: „Santo Padre, in der ganzen Vatikanstadt und in Rom, vor allem auch bei den ausländischen Diplomaten herrscht ja so viel Freude, daß jetzt endlich ein Mann aus dem pünktlichen Norden auf dem Stuhl Petri sitzt... Nein, wie war das früher schlimm, als ausländische Missionschefs manchmal eine Stunde warten mußten, bedenken sie bloß, *Beatissimo Padre,* eine ganze Stunde... Was die wohl ihren Regierungen berichtet haben mögen?"

Johannes hatte längst begriffen. Er blickte auf, unterbrach Tardini mit einem ebenso süßen „*ho già capito*" (hab' schon verstanden) und erläuterte: „Es ist mir gleich, was die Leute von mir denken, ob ich zu spät oder überhaupt nicht komme. Ich muß aber immer meinem Vorsatz treu bleiben: zu allen und... immer gütig sein!"

SELBSTERKENNTNIS

Noch im gleichen Jahr der Thronbesteigung wurden die vatikanischen Behörden von berühmten Porträtfotografen aus aller Welt geradezu bestürmt, den neuen Papst aufnehmen zu dürfen. Nur wenigen konnte die Bitte gewährt werden. Der Papst hatte eine ungeahnte Arbeitsfülle zu bewältigen, die keine Zeit für Ablenkungen ließ. Gerade hatte er einem der privilegierten Fotografen gesessen, als der amerikanische Fernsehbischof Fulton Sheen gemeldet wurde. Noch völlig unter dem Eindruck der Arbeit des Fotografen und in Vorahnung der Resultate empfing Johannes seinen Besucher mit den Worten: „Der liebe Gott hat doch nun schon vor 77 Jahren gewußt, daß ich Papst werden würde. Hätte er mich da nicht ein bißchen fotogener machen können?"

BRIEFMARKE

Zu einer ähnlichen humorvollen und selbstkritischen Bemerkung ließ sich Johannes XXIII. beim Anblick der ersten vatikanischen Briefmarke mit seinem Porträt hinreißen. Der zuständige Beamte hatte gerade die neue Markenserie dem Papst vorgelegt und zu sagen gewagt, es sei eine hübsche, gutgelungene Serie entstanden, als ihn der Papst beschwichtigte: „Na, also ... hübsche Serie! Daß ich nicht schön bin, weiß ich, aber für so häßlich hätte ich mich nun auch wieder nicht gehalten."

DIE ERBSCHAFT

Johannes XXIII. empfing nach seiner Krönung nacheinander alle hohen vatikanischen Gäste und ausländische Delegationen in Privat- oder Sonderaudienzen. Bei den pompösen Feierlichkeiten wurde viel fotografiert. Jeder zugelassene Pressefotograf hat seinen Ausweis deutlich sichtbar am Revers zu tragen. Er ist damit berechtigt, überall hinzugehen. Aber wenn der Papst ein- oder auszieht, müssen alle stehenbleiben. Nur der päpstliche Hoffotograf Felici nicht. Er darf im päpstlichen „Corteo" mitgehen und überall knipsen.

Das Haus Felici erhielt dieses Privileg vom heiligen Papst Pius X. verliehen. Jeder Papst hat diese einzigartige Lizenz für sein Pontifikat jeweils neu bestätigt. Felici ist dafür verpflichtet, alle vom päpstlichen Stuhl angeforderten Fotos kostenlos zu liefern, während er seinerseits die Weltpresse gegen Honorar zu versorgen hat.

Ein paar australische Journalisten, die eigens mit dem Erzbischof von Sydney, Kardinal Norman Thomas Gilroy, herübergekommen waren, erklärten sich jedoch mit Felicis Arbeit unzufrieden, weil sie nicht ein einziges Foto fanden, das ihren Kardinal mit dem neuen Papst zeigte. Der Hoffotograf konnte andererseits unmöglich alle Kardinäle just in dem Moment „schießen", in dem sie mit dem Papst sprachen.

Papst Johannes hatte in einer anschließenden Sonderaudienz von dem Unwillen der Australier über Felici gehört. Versöhnlich, Felici praktisch entschuldigend, sagte er ihnen: „Was sollen wir machen – den habe ich geerbt."

ZERSTREUT

In den ersten Nächten nach seiner Papstwahl konnte Johannes XXIII. oft keinen Schlaf finden. Die Fülle der übernommenen Gewalten, die Sorgen durchwühlten sein Gemüt, die sich plötzlich vor ihm als dem sichtbaren Oberhaupt der 500 Millionen Seelen umfassenden katholischen Kirche ausbreiteten. Davon erzählte er einige Zeit später vor einem Kreis von Besuchern.

Manchmal, kaum eingeschlafen, trieb ihn eine gerade durch den Kopf gehende Sorgenlast hoch. Eines Nachts schreckte er wieder so ruckartig auf. „Das muß ich mit dem Papst besprechen", murmelte er vor sich hin. Nach einer kurzen Überraschungspause rieb er sich die Augen, und wiederum zu sich selbst sprach er jetzt lauter: „Der Papst ...? Das bin ja ich! Also schön, dann werde ich eben mit dem lieben Gott reden müssen ..."

DREI-TAGE-PAPST

Dem Kaiser von Persien, Mohammed Reza Pahlewi, gewährte Johannes XXIII. am 1. Dezember 1958 seine erste Audienz nach dem vatikanischen Zeremoniell für gekrönte Häupter. An die Last der vielen Protokoll-Unterschriften und Ernennungsdekrete denkend, sagte Johannes später in einer Rede, einer vor ihm sei schon drei Tage nach seiner Wahl gestorben. „Kaum zu glauben", schloß Johannes, „daß der sich diese vielen Scherereien hier gemacht hat – wegen der drei Tage!"

GALERO

Mit dem Purpur der katholischen Kirche ausgezeichnet wurden im ersten Geheimen Konsistorium nach der Wahl Papst Johannes' XXIII. am 15. Dezember 1958 gleich dreiundzwanzig verdiente Würdenträger. Es war für die katholische und nichtkatholische Außenwelt eine Sensation. Sein Vorgänger Pius XII. hatte seit Jahren kein Konsistorium zur Ernennung neuer Kardinäle mehr einberufen und außerdem – und das war die Überraschung überhaupt – sprengte Johannes XXIII. den von Papst Sixtus V. festgelegten Rahmen. Das Kardinalskollegium sollte ihm zufolge nicht mehr als siebzig lebende Mitglieder haben. Die 53 lebenden, vermehrt um 23 neuernannte Kardinäle, durchbrachen nun diese rund fünfhundert Jahre alte Tradition. Johannes XXIII. setzte die Anordnung Sixtus' V. ohne Umschweife und ohne lange Erklärungen außer Kraft.

Inzwischen gab es unter Papst Johannes zeitweilig schon 85 Kardinäle. Die Erfordernisse der modernen Kirchenführung verlangten nach einer Ausweitung des hohen Kollegiums, erläuterte Johannes. Und: „Der Buchstabe darf nicht den Geist töten."

Dem Geheimen Konsistorium, der Versammlung aller in Rom weilenden Kardinäle, traditionsgemäß für die Quatemberwoche vor Weihnachten oder für die Quatemberwoche der Fastenzeit einberufen, folgt immer ein halböffentliches und ein großes öffentliches Konsistorium.

Den glanzvollen Höhepunkt der bereits erfolgten Kardinalsernennungen in St. Peter bildet dann die Übergabe des „Galero", des großen Kardinalshutes, durch den Papst. Jedem Kardinal wird dieser mächtige rote Kardinalshut aufgesetzt. Niemals aber wird er danach getragen. Er tritt nach dem prunkvollen öffentlichen Konsistorium erst wieder beim Tode eines Kardinals in Erscheinung – nämlich als Grabschmuck.

Bedeutsam sind die Worte, die der Papst beim Aufsetzen des Galero spricht: „Empfange diesen roten Hut, das sichtbare Zeichen der Kardinalswürde, zur größeren Ehre des allmächtigen Gottes und zur Zierde des Apostolischen Stuhles; er möge bekunden, daß du unerschrocken, nötigenfalls selbst bis zur Vergießung deines Blutes, einstehen sollst für die Stärkung des heiligen Glaubens, für den Frieden und die Ruhe des christlichen Volkes und für Wahrung und Bestand der Heiligen Römischen Kirche.“

Angefangen bei Giovanni Battista Montini, dem späteren Papst Paul VI., sprach Johannes allen neuernannten Kardinälen so ins Gewissen. Der letzte war der Franzose André Jullien. Stellvertretend für alle nahm Kardinal Jullien von Papst Johannes noch einen Nachsatz zum offiziellen Text mit, den ihm der Papst leise ins Ohr flüsterte: „Und nicht nur das alles soll künftig unter dem roten Hut wirken, sondern auch ein bißchen mehr Geist und Grips . . .!“

PAPA GIOVANNI

Das Volk von Rom hat den neuen Papst schon bald nur noch „Papa Giovanni“ – „Papst Johannes“ – geheißen. Früher war es verpönt, einen Papst nicht beim vollen angenommenen Namen zu nennen, etwa „Papa Pio“, wenn man Papst Pius XII. meinte. Die Römer sagten deshalb auch immer „Pio dodicesimo“ oder eben „il Santo Padre“, der Heilige Vater. Bei Johannes XXIII. ließen alle, Kurie, Pfarrer und Traditionalisten sofort „Papa Giovanni“ gelten. Volkstümlicher kann ein Papst in Rom nicht werden. Es ist die höchste Auszeichnung der mit dem Papsttum verwachsenen Römer.

Bei einem Rundgang durch sein nur 44 Hektar großes weltliches Reich stand Johannes XXIII. unangemeldet im Arbeitszimmer von Kardinal Gustavo Testa, der wie der Papst aus der Provinz Bergamo stammt, von Johannes 1959 zum Kardinal ernannt und schließlich zum Sekretär der Ostkirchen-Kongregation bestellt wurde. Bei einem solchen Besuch hatte es sich eingebürgert, daß der Behördenchef dem Papst seine engsten Mitarbeiter vorstellt. „Und hier“, flocht nach einer längeren Vorstellungsreihe Kardinal Testa ein, „darf ich dem Heiligen Vater Papa – Giovanni vorstellen.“

„Wie bitte“, murmelte der Papst erstaunt, „Papa Giovanni?“ Ringsum schmunzelnde Gesichter. „Ja“, erklärte

Kardinal Testa, „dieser wertvolle Mitarbeiter heißt Giovanni mit Vornamen und Papa mit Nachnamen."

Darauf der Papst: „So gibt es also zwei ‚Papa Giovanni'." (In Italien ist es eine bürokratische Sitte, zuerst den Nachnamen und sodann den Vornamen zu nennen.) „Immerhin", meinte der Papst, „gerade in Rom wäre ja ein ‚Papa Giovanni' eigentlich genug. Nun, da es aber zwei gibt, wollen wir wenigstens wie einer zusammenarbeiten."

WHISKY

Bei dem Konklave, aus dem Angelo Roncalli als Johannes XXIII. hervorging, zeigte augenfällig für die ganze Welt zum ersten Mal auch das Fernsehen – Rundfunk und Presseleute kritisierten das System auch schon früher –, daß die Rauchzeichen zur Verkündung einer erfolgten Papstwahl (weißer Rauch) oder einer negativen Wahl (schwarzer Rauch) wohl doch dem Mittelalter angehören als dem Zeitalter von Fernseh- und Nachrichtensatelliten. Der mal weiße, mal dunkle Qualm verwirrte auch die Sprecher des Vatikansenders. Sie mußten sich für ihren „Irrtum" öfters entschuldigen. Der dem Schornstein der Sixtinischen Kapelle entsteigende Rauch sei ziemlich weiß, dann sehr weiß gewesen, um sich freilich dann dunkel zu färben.

Belustigend aber war, daß in jenen Tagen in den Bars, Kantinen und Restaurants der Ewigen Stadt – auch an der Kaffeebar in der Peterskirche – nur noch eine Whiskymarke verlangt wurde: „Black & White".

Johannes machte ebenso ungewollt noch einen anderen Scotch in dem nicht gerade whiskybegeisterten Rom populär. Seine häufigen Ausfahrten und Gänge durch die römischen Straßen aber trugen ihm bei den Römern wegen seines Namens (im Englischen heißt er „Pope John") sehr bald einen anderen Beinamen ein: „Johnnie Walker".

Der Papst soll sehr gelacht haben, als er von diesem Beinamen erfuhr.

CHAMPION

Bei der Audienz für die Angehörigen der „Verwaltung der Güter des Heiligen Stuhles" – praktisch das päpstliche Finanzministerium – wurde Papst Johannes XXIII. unter vielen anderen auch ein kinderreicher Commendatore, ein hochgestellter Würdenträger, vorgestellt. „Na", erkundigte sich leutselig der Heilige Vater, „wie viele Kinder haben Sie denn?" Stolz kam es zurück: „Es sind vierzehn, Heiliger Vater. Und alle sind, Gott sei es gedankt, wohlauf." „Was", fragte der Papst, „vierzehn Kinder und alle bei bester Gesundheit?" Der Commendatore, ob der Anteilnahme gerührt: „Jawohl, Heiliger Vater, alle pumperlgesund!" Papst Johannes blickte kurz auf die gedrungene Gestalt mit dem jovialen Gesicht dieses Vaters und sprach anerkennend: „Bravo, vierzehnmal bravo, bravissimo – ein Rekord ist ausgelöscht: Sie haben die Apostelzahl übertrumpft."

MINESTRONE

Ganz klar war allen Vatikanangehörigen, daß Papst Johannes, nachdem er schon mehrere Rundgänge auf seinem Territorium absolviert hatte, eines Tages auch die Küche besichtigen würde, die ihn und seine engsten Mitarbeiter versorgte. Der Papst und die zum engeren Haushalt gehörenden Würdenträger und Bediensteten wurden von fünf italienischen Vinzentinerinnen versorgt. Die „Barmherzigen Schwestern" dieser Frauenkongregation widmen sich vornehmlich der Armenpflege. Sie sind also „von Haus aus", was Speis und Trank angeht, durchaus nicht verwöhnt. Üppige Verschwender in Küche und Keller zu sein sagt man ihnen auch nicht gerade nach ...

Ebenso war klar, daß der Papst die Küche in vollem Betrieb, bei dampfenden Kesseln und mit würzig duftenden Pfannen erleben wollte. Beim Eintritt in die Küche sagte er mit ähnlichen Worten, wie sie Jesus im Haus der Schwestern in Bethanien an Martha richtete: „Macht nur nicht solche Umstände beim Kochen! Denkt lieber an euer Seelenheil."

Man sah ihm seine Nachfreude über den gelungenen Doppelsinn an: große Umstände machen sich die Vinzentinerinnen nämlich nicht in der vatikanischen Küche; wenngleich der Papst durchaus kein Kostverächter war wie sein Vorgänger. Jedenfalls das Seelenheil kommt gewiß bei den Schwestern nicht zu kurz.

Um den rührigen Frauen aber ein Lob zu spenden, trat Papst Johannes an den ersten Kessel, ließ den Deckel lüften und sog den Duft der darin brodelnden Minestrone ein. „Hm, buono!" meinte er. Er ließ sich einen Löffel geben und kostete. Währenddessen schlugen die Schwestern unsichtbare Kreuze und flehten die heilige Martha inbrünstig, aber schweigend um Fürbitte an; nicht umsonst ist diese Heilige die Schutzpatronin der Hausfrauen.

„Gut die Suppe", urteilte Johannes nach der Kostprobe, „auch schon gar." Es klang nicht sehr überzeugend, aber die Schwestern atmeten befreit auf. Sie hatten Schlimmeres erwartet. „Fehlt nur 'n bißchen Würze", fügte Johannes hinzu. „Streut mal mehr Reibekäse drüber, dann wird sie appetitlicher, und unsere Kunden sind zufriedener!"

BEISPIEL

Die letzten Vorgänger Papst Johannes' XXIII. wollten bei ihren Spaziergängen in den vatikanischen Gärten nicht gern gestört sein. Sie ließen sich höchstens einmal von ihren Sekretären begleiten. Vor dem zeitlich genau festgesetzten Erscheinen des Papstes hatten sich die Bediensteten zurückzuziehen. Papst Johannes aber liebte es, auch unverhofft einmal einen Spaziergang zu machen. Beim ersten Mal noch stoben alle Arbeiter davon, als sie plötzlich den Papst daherkommen sahen. Später ist auch hier ein grundlegender Wandel eingetreten. Jenes erste Mal aber war für den Papst belustigend. Wie vor einem Aussätzigen nahm eine Gruppe Straßenreiniger Reißaus. Jeder suchte sich zu verstecken, hinter einem Baum, einem Mauervorsprung.

Dem Papst aber behagte dieses Versteckspiel gar nicht. „Kommt nur alle wieder hervor", rief er aus. „Ich tu' euch ja nichts. Ich will mit euch sprechen. Los. Nun kommt schon, *avanti, venite!*" Schüchtern und nur langsam kam einer nach dem anderen zum Papst. Er ließ die Arbeiter nicht erst lange niederknien, sondern fragte gleich nach den einzelnen Familienverhältnissen. Nachdem alle eine ziemliche Kinderschar ihr eigen nennen durften, wie sich ergeben hatte, sagte Johannes: „Wir waren auch zwölf Kinder zu Hause. Fünf davon leben noch. Und alle sind Landarbeiter, nur ich nicht." Sodann wollte der Papst wissen, wie hoch die Entlohnung für ihre Arbeit sei. „Was", entgegnete er stirnrunzelnd, als ihm gesagt wurde, daß jeder nur 1000 Lire pro Tag erhielt. „Das sind bei der Sechstagewoche ja nur 24000 Lire im Monat (runde 150 Deutsche Mark). Davon kann doch keine kinderreiche Familie leben. Wo bleibt denn da die Gerechtigkeit? Laßt nur, das werden wir ändern."

Der Papst machte auf dem Absatz kehrt und suchte sein Arbeitszimmer auf, um sofort nachzuforschen. Als erstes ließ er den Vertrag mit der römischen Firma kündigen, die im Wege einer Ausschreibung die Reinigung und Instandhaltung der vatikanischen Straßen übernommen hatte und, gemessen am Vertragshonorar, gut und gerne auch höhere Löhne hätte zahlen können. An diesem Tage setzte im Vatikan eine allgemeine Überprüfung der Lohn- und Gehaltslisten ein. Die untersten Klassen wurden sofort verdoppelt, während höher hinauf gradweise Aufbesserungen vorgenommen wurden, so daß heute die Löhne und Gehälter im Vatikan bedeutend günstiger liegen als in Italien, zumal der Papst auch anordnete, daß für jedes Kind noch weitere 10000 Lire (etwa 64 Deutsche Mark) Kinderzulage gezahlt werden. Kein Wunder, daß sich römische Handwerker nun um die früher verpönten vatikanischen Stellungen reißen.

Als der Papst die entsprechenden Dekrete für die rund

3000 vatikanischen Lohn- und Gehaltsempfänger erließ, belehrte er den verantwortlichen Verwalter: „Wir können nicht immer von anderen die Beachtung der kirchlichen Soziallehre verlangen, wenn wir sie in unserem eigenen Bereich nicht verwirklichen. Die Kirche muß mit gutem Beispiel bei der sozialen Gerechtigkeit vorangehen."

LEHRLING

Anfangs konnte sich Johannes XXIII. an manches Protokollarische nur schwer gewöhnen. Lange sagte er in offiziellen Reden noch „ich" statt „Wir". Die Päpste aber sprechen, zumindest bei offiziellen Anlässen, immer im *Pluralis majestatis.* Die schwere Arbeitslast, die sofort auf ihn zukam und die es ohne langes „Einarbeiten" sogleich zu bewältigen galt, erschreckte ihn. Einmal blickte er durch den Türspalt auf die in den Vorzimmern wartende große Besucherschar. Er faßte sich ein Herz, öffnete die Tür und rief den erstaunten Versammelten, auf daß sie geduldig weiterwarteten, zu: „*Dio mio!* So viele Leute! Laßt mir doch Zeit, den Papstberuf zu lernen; laßt mich doch etwas Praxis gewinnen!"

MÄSSIGUNG

Zum ersten Mal in einer allgemeinen Audienz ließ Papst Johannes XXIII. am 17. Dezember 1958 in der Peterskirche seine Grußworte an die Gläubigen und Pilger in deutscher und englischer Sprache verlesen. Nachdem er zuerst italienisch und sodann französisch gesprochen hatte, entschuldigte er sich bei der Menge, daß er „noch nicht" genügend Deutsch und Englisch könne, um sich auch in diesen Zungen an seine Zuhörer aus den deutsch- und englischsprachigen Ländern zu wenden. Um Geduld von den Gläubigen dieser Sprachgebiete zu erbitten, nämlich bis zur Vervollkommnung seiner Sprachstudien zu warten, zitierte der Papst ein bekanntes italienisches Sprichwort, das unter der Landbevölkerung entstanden ist und sinngemäß besagen will: „Gut Ding will Weile haben“ („Campa cavallo che l'erba cresce“). Es braucht sich das Erwartete aber auch gar nicht einzustellen, unter Umständen kann man auch wohl bis zum Nimmerleinstag warten. In der Tat, danach hatte Johannes lediglich Ostern und zu Weihnachten die Feiertagsglückwünsche in fremden Zungen ausgesprochen. Deutsche oder englische Reden zu halten blieb ihm versagt, obwohl er an diesem Tage das Versprechen öffentlich abgegeben hatte, beim nächsten Besuch auch in diesen Sprachen zu den fremden Besuchern zu reden. Schließlich aber meinte der Papst, andererseits sei es wieder ganz gut, nicht soviel zu reden und zu sprechen, denn leicht könne sich einer die Zunge verbrennen. Er möchte deshalb lieber zur Mäßigung mahnen. „Gewöhnlich benutzen die Menschen nämlich die Zunge doch so, wie sie gewachsen ist: spitz.“

SCHWERGEWICHT

Im Grunde seines Herzens war dem aus so bescheidenem Elternhaus stammenden Papa Roncalli jeder Pomp abhold. Nur bei wirklich feierlichen Anlässen benutzte er beispielsweise die *Sedia gestatoria*, den Tragthron der Päpste. Die „Sediari“, das sind die zwölf in Scharlachsamt und -seide gekleideten „Sänftenträger“ des Papstes, hatten bei Johannes XXIII. seltener anzutreten als bei Pius XII. Oft stieg Johannes zu Fuß in die Peterskirche hinab.

Sein soziales Gefühl führte ihn immer wieder zu den Notleidenden, zu den Armen. Immer kümmerte er sich um das Wohl der anderen. So konnte es auch nicht ausbleiben, daß er sich eines Tages, bald nach seiner Krönung zum Papst, nachdem die „Sediari“ schon einige Male ihres Amtes gewaltet hatten, nach der Gehaltshöhe der Träger erkundigte. Die „Päpstliche Familie“, der Hofstaat, war verblüfft, denn diese Form der Anteilnahme hatte das gerade abgelaufene Pontifikat nicht eben überliefert. „Wozu erkundigt sich der Heilige Vater wohl nach einer solchen *bazzecola*“ (Kleinigkeit), wurde er von einem Würdenträger untertänigst gefragt. Johannes XXIII. schaute an sich herunter, blickte dann sekundenlang in die Ferne – er mochte die ätherische Gestalt seines Vorgängers vor sich sehen – und erklärte wohlwollend: „Die sollen eine Zulage für päpstliches Übergewicht bekommen.“

BAUER

Im Petersdom roch es nach Landluft – eine ungewohnte ländliche Atmosphäre herrschte in dem gewaltigen Gotteshaus. Derbe, kräftige Bauernköpfe auf gedrungenen und zum Teil tiefgebeugten Schultern umringten Johannes XXIII. bei einer Sonderaudienz für italienische Bauern und Kleinlandwirte. Die Männer hielten breitkrempige Strohhüte in den Händen. Es mochten etwa 10000 Mann von diesem Landvolk nach Rom gekommen sein. Zwar waren sie alle, Männer und Frauen, Mädchen und Jünglinge, im Sonntagsstaat erschienen, aber den tiefdunklen Kleidern, meist aus selbstgewebter Wolle, entströmte der erdige Duft der heimatlichen Scholle. Ungelenk traten die meisten Männer im ungewohnten weißen Hemd mit Schlips und Kragen von einem Fuß auf den anderen. Die Frauen und Mädchen blickten erstaunt in der Basilika umher, gesammelt und tief andächtig, ganz anders als die urbanistischen Römer, aber doch verwirrt ob der gewaltigen Dimensionen des Riesenbaues.

Papst Johannes spürte die Unsicherheit in den Reihen der Besucher, mehr noch ihre Unbeholfenheit. Mit einem aufrichtigen Wort gelang es ihm, die Gedanken der Menge zu ordnen, ihre Herzen zu festigen und ihr den glatten Marmorboden in den sicheren, gewohnten Acker zu verwandeln.

„Ich weiß“, sprach der Papst, „wie undankbar Landarbeit ist. Der Weinbauernsohn Roncalli sagt es euch. Und

dennoch: wenn der liebe Gott mich nicht hätte Papst werden lassen, so wäre ich am liebsten Bauer geworden."
Ein heiteres Lachen dankte ihm.

GEFANGENENAUFSEHER

Nicht immer läßt es das Protokoll zu, daß sich der Papst unter die Menge mischen kann. Besonders in den Massenaudienzen in der Peterskirche ist der Ansturm des Volkes so gewaltig, daß die Schweizergarden und Gendarmen recht unsanft werden müssen, um besonders zudringliche Männer und Frauen abzuwehren. In mehreren bedrohlichen Situationen mußten auch Kammerherren und hohe Würdenträger völlig indigniert dazwischentreten, um Papst Johannes nicht erdrücken zu lassen. Des öfteren hatte der Papst dann ein Wort gebraucht, um sich mit den Gläubigen solidarisch zu erklären: „Da sind sie wieder, meine Gefangenenaufseher!"

FAMILIENAUDIENZ

Einige Tage nach der Krönung genehmigte Johannes eine Familienaudienz, die nach dem Wechsel auf dem Stuhl Petri den Angehörigen vorbehalten ist. Zaghaft, mit schlotternden Knien durchschritten die Roncallis die Gemächer im Apostolischen Palast. Der Prunk verwirrte ihre Gemüter. Endlich standen sie – eingeschüchtert und verblüfft – vor der weißgekleideten Gestalt des Papstes... Ihre Mitbringsel, Bauernbrot, Schinken und Wein, in bunten Tüchern verpackt, fielen polternd zu Boden. In Richtung der weitgeöffneten Augen und Münder sprach lachend Johannes, der die rührende, einer gewissen Komik nicht entbehrende Situation sofort erkannt hatte: „Fürchtet euch nicht! Ich bin's!"

Seinen engsten Mitarbeitern gegenüber sprach der Papst nach der Thronbesteigung oft von dem schwierigen Erbe, das er von Pius XII. übernommen hatte. Stunden, Tage und Wochen verbrachte der Papst damit, die von Papst Pius hinterlassenen Aufzeichnungen zu sichten und zu ordnen. Eines Nachmittags trafen ihn die Mitarbeiter in seinem Arbeitszimmer an, als er eifrig Sprachstudien trieb. Sie wußten, daß Papst Johannes – wie sein Vorgänger – die Gläubigen auch gern in ihren verschiedenen Sprachen angeredet hätte, und fanden es daher nicht verwunderlich, wenn er seine Kenntnisse aufzufrischen suchte. Vom Neuerlernen einer Sprache hatten sie freilich noch nichts bemerkt. Um so erstaunter waren sie daher, als Johannes ihnen auf ihre Frage, welche Sprache denn gerade „dran" sei, antwortete: Deutsch. „Ja, ich lerne jetzt Deutsch", sagte er, „obgleich ich gestehen muß, daß mir das Erlernen der deutschen Sprache sehr schwerfällt. Das ist aber die einzige Sprache, die die *Canarini* (Kanarienvögelchen) verstehen, die mir mein Vorgänger, Pius XII., vererbt hat. Und das ist von dem gewaltigen Erbe noch das Einfachste."

DIE PAUKE

Alle, die dem Papst unmittelbar oder mittelbar dienen, mochte Johannes XXIII. wenigstens einmal gesprochen haben oder sie wenigstens kennenlernen. Nach seiner Thronbesteigung begann er regelmäßig allen Audienzen zu gewähren, die dem Heiligen Stuhl als Mitarbeiter angehören. Im Mai 1959 war die Reihe an den Mitgliedern seiner „bewaffneten Streitkräfte". Es gibt davon die Nobelgarde, die Schweizergarde, die Palatinische Ehrengarde, auch Pfalzgarde genannt, und die päpstliche Gendarmerie, die als das eigentliche Polizeikorps auch Beamte in Zivil mit gründlicher kriminalpolizeilicher Ausbildung kennt.

Einer nach dem anderen defilierte vor dem Papst und

mußte vor ihm laut und deutlich seinen Namen, Dienstgrad und Aufgabenkreis hersagen. Es gab also ungefähr fünfhundert Kniefälle, denn vor dem Papst fällt das kerzengerade „Stillgestanden“ weg.

Schließlich war auch die Reihe an dem Paukenschläger der Kapelle der Palatinischen Ehrengarde, der nicht nur die Pauke, sondern selbst auch einen prächtigen Bauch vor sich herträgt. Nach dem Kniefall und Kuß auf den Fischerring starrte *ceteris paribus* der Papst auf die gewaltige Körperfülle des inzwischen aufgestandenen Sergeanten. Mit einem verstehenden Lächeln uzte er ihn: „Daß es Ihnen gutgeht, sieht man ja, da brauche ich mich wohl nicht zu erkundigen wie bei den anderen. Bei all der Paukerei sind sie eben ziemlich auseinandergegangen. Aber machen Sie sich nichts daraus – mit uns Dicken hat man es halt!“

Im gleichen Scherzton erwiderte der Pauken-Sergeant zum großen Vergnügen des Pontifex: „Heiliger Vater, Fett macht nett!“

MUSTERSCHÜLER

Irgendeine kleine Aufmerksamkeit suchte Johannes XXIII. allen Besuchern zu erweisen, die zu einer Privataudienz erschienen. Abgesehen von einem Geschenk, einer Erinnerungsgabe, sollte es nach Möglichkeit auch ein persönliches Wort sein, mit dem sich der Gast ganz besonders angesprochen fühlt. In italienischer und französischer Sprache, auf bulgarisch, griechisch, türkisch oder gar russisch fand der Papst immer ein treffendes Wort, ein Sprichwort, eine Ermunterung. Mehr jedenfalls als nur eine Höflichkeit.

Als am 6. Dezember 1959 Präsident Dwight D. Eisenhower die Schwelle seiner Privatbibliothek überschritt, schien Papst Johannes etwas verlegen. Sein Englisch war vor allem in der Aussprache nicht ganz so wie es in Oxford gelehrt wird. Präsident Eisenhower sollte andererseits spüren, daß sich der Papst gut auf den Besuch vorbereitet hatte. „Ike“ hingegen hatte nicht den vom vatikanischen Protokoll vorgeschriebenen Frack an, worüber ihm Johannes natürlich nicht gram war, zumal Eisenhowers Rombesuch nur als eine Arbeitsvisite eingestuft worden war, nicht als Staatsbesuch. (Der britische Premierminister Harold Macmillan dachte übrigens, was „Ike“ kann, kann „Mac“ schon lange, und erschien zur Privataudienz bei Johannes XXIII. am 23. November 1960 auch nicht im Frack, sondern nur im Tight.)

Die mangelnden englischen Sprachkenntnisse bewirkten, daß Johannes XXIII. nur Anfang und Ende seiner im übrigen auf französisch verlesenen Grußadresse „an den Präsidenten und an das edle amerikanische Volk“ englisch formulierte. Zu hören war also: „Dear Mister President, Your Excellency ...“ Und am Schluß: „God bless you all ...“

Gerührt dankte Eisenhower dem Papst nach dem Austausch der Geschenke auch für diese sprachliche Aufmerksamkeit: „Ew. Heiligkeit sprechen aber gut englisch!“ Mit entwaffnender Selbstironie gab der Papst italienisch zurück: „Ich gehe noch in die Abendschule. Komme aber nicht so recht mit ... Bin in meiner Klasse der Letzte!“

ATHEIST

Als Johannes XXIII. das erste Mal in seiner Sommerresidenz weilte, empfing er wie seine Vorgänger die Stadtväter von Castelgandolfo in Audienz. Darunter auch ein paar Kommunisten. Gerade mit ihnen unterhielt er sich, als ob es seine Brüder wären. Sie hatten sich vorgenommen, dem Papst über ihre kleine Gemeinde vieles zu sagen: wie schlecht sich die Reichen den Armen gegenüber benehmen, daß die Provinzialverwaltung zuwenig Zuschüsse bewilligte und so weiter. Sie kamen aber nicht dazu. Der Papst hatte sich so sehr über ihr persönliches Wohlergehen besorgt gezeigt, daß sie ihre Beschwerden vergaßen. Aufgerichtet und geläutert verließen sie die Residenz, um sich auf dem Vorplatz unter die Menge zu mischen, die schon lange darauf gewartet hatte, daß sich Johannes XXIII. auf dem Balkon zeigte, um ihr seinen Segen zu spenden.

Auch hier wollten die Evviva-Rufe kein Ende nehmen. Einer der bekannteren jener Kommunisten, die gerade beim Papst zu lamentieren vergessen hatten, schrie mit und klatschte am lautesten: „Wieso", begehrte ein Nachbar zu wissen, „schreist du denn so laut, du als Atheist, als Kommunist?" Dieser antwortete erregt mit feuchten Augen und zitternden Lippen: „Er ist ein Arbeiterkind, er weiß, was Händearbeit ist, und ich klatsche eben dem armen Mann aus dem Volk zu, der es bis zum Papst gebracht hat."

SOLIDARITÄT

Am 26. Dezember 1958, Johannes XXIII. war knapp zwei Monate römischer Bischof, überraschte er seine Umwelt mit einem Besuch im riesigen römischen Gefängnis „Regina Coeli" (Himmelskönigin). Die Römer konnten sich nicht erinnern, wann zum letzten Mal ein Papst seine seelsorgerische Funktion als Bischof von Rom auf die dort einsitzenden Untersuchungs- und Strafgefangenen ausgedehnt hatte.

Die Gefängnisverwaltung hatte es denn auch nicht für angebracht gehalten, die düstere Atmosphäre durch Teppiche, Wandleuchter und Damastbespannungen freundlicher zu gestalten. Ein subalterner Wärter freilich hatte allen Ernstes vorgeschlagen, den großen Eßraum, in dem die Gefangenen den päpstlichen Segen empfangen sollten, wie eine römische Basilika bei großen Feierlichkeiten auszuschmücken.

Papst Johannes brachte den Häftlingen vor allem Hoffnung. „Meine lieben Söhne, meine lieben Brüder", sprach er sie in einer nichtvorbereiteten Rede an, die eher einer Beichte ähnelte. Mucksmäuschenstill hingen die Gefangenen an den päpstlichen Lippen. Lange vor der eindringlichen Ermahnung, künftig nicht mehr vom rechten Wege abzuweichen, verriet Johannes mit einem solidarischen Augenzwinkern den Gästen der „Himmelskönigin", auch er sei einmal ein Spitzbube gewesen. Vorweg jedoch erzählte er von einem Verwandten, der ohne Jagdschein auf die Pirsch gegangen war, prompt erwischt wurde und ins Kittchen kam.

„Ja, lacht nur, heute bin ich euer Gefangener." Sodann die Beichte: „Als Junge habe ich auch einmal gestohlen, nämlich einen Apfel. Freilich, meine Gewissensbisse waren genauso groß wie eure, und ebensolange bereute ich meine Sünde. Ich habe aber Glück gehabt, denn ich wurde nicht erwischt!" In der darauf folgenden Pause ließ der Papst das befreiende Lachen verdröhnen, um im Bergamasker Dialekt abzuschließen: „Wie hätte ich den Apfel auch zurückgeben sollen? Den hatte ich doch längst verspeist!"

HALTEVERBOT

„Unglaublich", sagte ein motorisierter Straßenpolizist, „dieser Papst ist einfach nicht zu halten. Dauernd ist er unterwegs. Ich hab' schon keine ruhige Minute mehr. Die Spaghetti kriege ich immer kalt serviert. Zu Hause." Er beklagte es seinen Kollegen gegenüber, die mit ihm vom römischen Polizeipräsidenten als Begleitkommando für den Papst abkommandiert waren. Es geschah in der Tat nicht selten, daß eine Ausfahrt des Papstes kurzfristig angesagt wurde, und dann mußten die bewährten Motorradpolizisten alles andere stehen- und liegenlassen und zum Vatikan spritzen.

„Kein Wunder", erwiderte ein Kollege trocken, „schau doch hier, das Verkehrszeichen direkt vor dem vatikanischen Bronzetor, durch das ursprünglich ganz allein der Papst gehen durfte, da steht's doch ganz deutlich: ‚Halteverbot'!"

FIRLEFANZ

Mit „Papa Giovanni" ist die Luft im Vatikan völlig verändert worden. Der Klimawechsel zur Einfachheit und Natürlichkeit ist von Anfang an bewußt von Johannes selbst betrieben worden. Zuerst fing er beim vatikanischen „Osservatore Romano" an. Die etwas schwülstige Kurialsprache und das verklausulierte Vatikanitalienisch sollten als erstes verschwinden. Er ließ den Redakteuren der angesehenen vatikanischen Zeitung sagen, sie sollten künftig, wenn vom Papst die Rede sei, nicht mehr schreiben „der Geistesmächtige" oder solche Sätze gebrauchen wie „der Auserwählte hat in seiner erleuchteten und gehobensten Ansprache ...", sondern schlicht und einfach schreiben „der Papst hat gesagt ...". Es sollte auch nicht mehr der einleitende Satz gedruckt werden: „Wir bringen nachstehend die Rede, wie wir sie von seinen erlauchten Lippen pflücken konnten", weil er nicht nur altmodischstickig, sondern auch lächerlich sei.

Als Johannes die Danktelegramme durchsah, die das Staatssekretariat an die hohen Absender von Glückwunschtelegrammen schicken wollte, die zahlreich nach seiner Papstwahl und Krönung zum Pontifex maximus im Vatikan eingetroffen waren, zeigte er sich entsetzt über den triefenden Stil. „*Fronzoli, Fronzoli!*" rief er: „Alles Firlefanz und Kinkerlitzchen! Laßt doch diese völlig überflüssigen Schnörkel weg. Seid einfacher, seid herzlicher. Versucht es wenigstens!"

EXERZITIEN

Der Heilige Stuhl verfügt über einen großen Wagenpark. Viele Automobilfabriken haben den Päpsten Prachtexemplare ihrer Produktion geschenkt. Immer wieder wetteifern französische und englische Firmen mit den italienischen. Aus den Vereinigten Staaten wird den Päpsten regelmäßig nach der Thronbesteigung ein Luxuswagen als

Huldigungsgeschenk übersandt. Der Betrag für diese Straßenkreuzer wird von den amerikanischen Katholiken gespendet. Papst Johannes XXIII. aber fuhr nur Mercedes-Benz; und sein Nachfolger, Paul VI., macht es ihm jetzt nach. Die Untertürkheimer haben bei der Sonderanfertigung eines Wagens für den Bischof von Rom denn auch daran gedacht, daß strenge Protokollvorschriften Seine Heiligkeit oftmals zwingen, in vollem Ornat auszufahren. In solchen Fällen ist es für ihn äußerst unbequem und schwierig, gebückt ein- und auszusteigen. Die Mercedes-Benz-Konstrukteure haben deshalb einen 300er entworfen, dessen Dach sich auf einen Knopfdruck hin elektrisch auseinanderfaltet. Während die Automatik das solide Dach geräuschlos zurücklegt, schiebt sie gleichzeitig ein sonst unsichtbares mehrstufiges Trittbrett heraus. Der Papst kann diesem Wagen sogar mit der Tiara (wenn es sein müßte) oder mit einer Mitra auf dem Haupt in voller Würde entsteigen. Er braucht sich weder zu bücken, noch muß er beim Ein- und Aussteigen behutsam sein. Aufrecht stehend kann er die Menge segnen.

Es passierte freilich auch häufig, daß der Papst anfangs die paar Sekunden nicht abwartete, bis sich das Dach ganz geöffnet hatte. Johannes XXIII. hatte es immer dann besonders eilig, auszusteigen, wenn am Ziel seiner Fahrt die Gläubigen und Würdenträger schon niederknieten, bevor er sich überhaupt erhoben hatte. Regelmäßig stieß er dann mit dem Kopf gegen das noch in Bewegung befindliche Dach. Voller Verdruß zwar, gab er jedoch niemals sich oder etwa dem Dach die Schuld. Dazu hatte ihm die Präzision der elektrischen Automatik schon zuviel Respekt abgewonnen. Nein, der Fahrer bekam den päpstlichen Zorn zu spüren, weil er immer zu spät auf den elektrischen Knopf drückte. Der Fahrer nahm die Rüge indessen gelassen hin, wissend, daß Johannes es nicht so streng meinte. Außerdem konnte Papa Roncalli gar nicht wirklich schimpfen.

Der Papst sprach also zu dem Fahrer, nachdem es wieder einmal „gebumst" hatte: „Entscheide dich künftig,

Guido, ob du das Ding zurückrollen läßt oder geschlossen halten willst, und gib mir dann einen entsprechenden Hinweis. Verschone mich jedenfalls mit deinem ewigen Sinneswandel. Vergnüge dich gefälligst, wenn ich nicht im Wagen bin. Von deinen Exerzitien jedenfalls kann ich nicht gerade behaupten, daß sie geistige Übungen sind."

OPFERLEBEN

Der Jurisdiktionsbereich des Papstes als römischer Bischof zieht einen weiten Bogen: vom Meer zu den Albaner- und Tiburtinerbergen. Darin sind bis jetzt schon rund drei Millionen Seelen ansässig. Rom aber wächst weiter. Mit den Stadtvätern, die nach einem jüngsten Entwicklungsplan für das Jahr 2000 bereits an zehn Millionen Einwohner denken, will die Kirchenbehörde Schritt halten. Unter Johannes XXIII. erhielten die verantwortlichen Geistlichen im römischen Generalvikariat starke Impulse beim Planen neuer Gotteshäuser und vor allem bei der Einrichtung von künftigen kirchlichen Hilfsstellen materieller Art und Erziehungsinstituten für Kinder und Erwachsene.

Bei seinen Ausflügen zur Peripherie – besonders in der Fastenzeit – informierte sich der Papst immer bis ins einzelne über das Leben der Menschen in den Elendsquartieren und volkreichen Vierteln, wo fast täglich neue Wellblechhütten widerrechtlich aufgebaut werden. Das geht meistens so fix und behende vor sich, daß die zuständige Polizei fast stets zu spät auf der Bildfläche erscheint. Ausgeschlossen ist freilich nicht, daß auch mancher Polizeibeamte seinen Jeep recht langsam fahren läßt. Nach einer humanen italienischen Bestimmung darf die Polizei eine Notbaracke, eine Blechhütte, die widerrechtlich erbaut worden ist, nicht mehr einreißen, wenn schon ein Dach drauf ist. Andererseits muß ein Polizeikommando sofort eingreifen, wenn durch eine anonyme Anzeige ein solcher „Baubeginn" auch nur telefonisch gemeldet wird.

Landarbeiter und städtisches Proletariat zieht es aus dem wirtschaftlich noch immer hinter dem Norden herhinkenden Süden des Landes magisch nach Rom. Das verheißungsvolle Film-*Dolce-vita* der Hauptstadt schlägt auch die intelligenteren Armenschichten in ihren Bann.

Die Höhlen- und Barackenviertel sind den Behörden natürlich ein Dorn im Auge, zumal sie die großen altehrwürdigen Konsularstraßen flankieren. Hartnäckig vermehren sie sich in den Bezirken Tiburtino, Salario, Primavalle, Prenestino, Quarticciolo, Tufello und Cinecittà. Fast alles vergilisch-schönklingende Namen. Aber nur für den Nichtitaliener. Der Römer unserer Tage denkt sofort an die *abusivi* („Mißbräuchler", also illegal Zugezogene, die sich mißbräuchlich ein Dach über dem Kopf zimmern).

Papst Johannes kümmerte sich nicht um solchen „Ämterzorn". Er fühlte sich als Hirt der gesamten Herde zur Barmherzigkeit verpflichtet. Dazu gehörte, daß er auch die Herzen dieser Gestrandeten suchte, um sie aufzurichten. „Mein persönliches Missionsgebiet" pflegte er diesen verhärteten, meist kommunistisch wählenden Menschenkreis zu nennen.

Jedes Jahr hat es Johannes zur Fastenzeit in jene Viertel gezogen. Unzählige Bittgesuche, von ungelenker Hand geschrieben, wurden ihm dann zugeschoben. Er nahm sie alle entgegen: übereinstimmend wiederholte sich in ihnen der Wunsch nach einer menschenwürdigen Behausung, nach Arbeit und Brot.

Einen Zwölfjährigen fragte Johannes XXIII. bei einer solchen Rundfahrt einmal nach seinem Namen. „Ich heiße Giovanni", sagt der Kleine. „Ein guter Name", erwidert der Papst, „auch ich heiße Giovanni."

Der Papst will ferner wissen: „Und was willst du einmal werden, wenn du groß bist?" „Papst, so wie du", antwortete der Junge rasch. Alle lachen, am meisten der Papst, die vatikanischen Hofbeamten etwas zurückhaltender.

Johannes XXIII. legt dem Jungen seine schwere Bauernhand auf die schmächtigen Schultern und flüstert ihm zu, aber so, daß auch die Umstehenden seine Worte hören können: „Da hast du dir aber einen schweren Beruf ausgesucht. Er ist – mir kannst du es glauben – ein Opferleben."

GEWITTERANGST

„Habt ihr heute nacht das Gewitter gehört?" Mit dieser Frage überraschte Papst Johannes am 13. November 1959 seine Audienzbesucher. Es waren überwiegend Frauen und geistliche Beiräte vom italienischen „Katholischen Frauenzentrum". Bevor er seine eigentliche Rede hielt, fuhr der Papst im Zusammenhang mit dem ungewöhnlichen, heftigen Gewitter der vergangenen Nacht fort: „Mein Gott, welch ein Sturm! Dieses gewaltige Donnern und Blitzen!" In der Nacht gab es Hunderte entwurzelter Bäume, durch Blitzschlag entstandene Brände, abgedeckte Hausdächer und zahlreiche Verletzte im nächtlichen römischen Straßenverkehr. Die Feuerwehren mußten mindestens 500 Alarmrufe beantworten.

„... Glaubt mir, liebe Landsleute, auch der Papst hatte Angst. Ich bin aufgefahren im Bett und fing an zu beten. Ich habe die Heiligenlitanei gesungen, und danach erst wich die Furcht. Anschließend konnte ich wieder einschlafen und habe, ich darf es wohl zugeben, erbauliche Träume gehabt."

SICHERHEIT

Die Kubakrise hatte ihren dramatischen Höhepunkt erreicht. Der Papstappell an die Staatslenker hatte besinnlich gewirkt. Der bittere Kelch ging an der Menschheit vorüber. Doch nicht alle Wolken hatten sich verzogen. Noch immer dräuten Kriegsgewitter. Johannes XXIII. rief zu diesem Zeitpunkt in einer Massenaudienz den Gläubigen in St. Peter zu: „Hier seid ihr jedoch in Sicherheit. Hier sind keine Kanonen aufgefahren. Hier gibt es auch keine Atombomben."

Bei der nächsten Massenaudienz, wieder von seiner vorbereiteten Rede abweichend, in der er voller Inbrunst von der „lebendigen Kirche" sprach, die stets und jeden Fortschritt für Frieden, Sicherheit, Freiheit und Wohlergehen der Menschheit begrüßt, gefördert und unterstützt hat, sagte er: „Jetzt seid ihr hier im Petersdom, mir scheint, daß ihr euch nicht in einer Klinik, in einem Hospital befindet. Nein, die Kirche des Herrn, die Kirche Jesu Christi ist nicht tot. Oder dünkt euch, daß hier Sterbende und Tote umherliegen?"

REINES GEWISSEN

Noch in der Zeit, in der sich die Römer über die Gepflogenheiten des neuen Papstes wunderten, besuchte er die Benediktinerabtei von Subiaco, im südlichen Latium. Die unmittelbar dem Heiligen Stuhl unterstellte Abtei *nullius* stand in der Gunst der Päpste und auch weltlicher Fürsten immer sehr hoch. „Sacro specco", heute neben „S. Scolastica" eines der zwölf berühmten Klöster in der Umgebung von Subiaco, ist die Geburtsstätte des Benediktinerordens. Drei Jahre lang hatte sich der heilige Benedikt an diesen Ort zurückgezogen: von seinem vierzehnten bis zum siebzehnten Lebensjahr. Hier ist auch die Höhle, in der frommer Überlieferung nach der heilige Benedikt von einem Raben gespeist wurde. In dem Kloster, das nach dem Wiederaufbau im Jahre 705 durch Abt Stefan der heiligen Scholastika geweiht wurde, wurden übrigens von den Deutschen Sweyenhein und Pannartz im Jahre 1464 die ersten Bücher in Italien gedruckt. Das Kloster des heiligen Benedikt, die „heilige Höhle", gehört zu den kostbarsten religiösen und künstlerischen Sehenswürdigkeiten auf der ganzen Apenninenhalbinsel. Es besteht aus zwei übereinandergelegenen Kirchen sowie mehreren Grotten und Kapellen. Am weiträumigsten ist die „Oberkirche", wo Johannes die Huldigung der Ordensbrüder und der Kanoniker entgegennahm.

Viel Volk war erschienen. Subiaco prangte im Festschmuck, vor allem hatte es die Jugend angelockt. Jeder wollte diesem Ereignis, das es seit Pius IX. nicht mehr gegeben hatte, beiwohnen. Ehe es sich die Ordner denken konnten, waren die zehn- bis vierzehnjährigen Knaben in das kostbare, geschnitzte antike Chorgestühl geklettert, um den Papst besser sehen zu können. Mit ihren klobigen schmutzigen Schuhen auf den Bänken stehend, brachten sie die Kirchendiener zur Verzweiflung. Mitten in das Geschrei der mit dem Ordnungsdienst betrauten Mönche, die die Jungen zu vertreiben suchten, ertönte die Stimme des Papstes: „Laßt sie nur, laßt sie ruhig dort stehen, *deren* Gewissen ist bestimmt noch ganz rein!“

SOZIALE GERECHTIGKEIT

Engste Mitarbeiter Johannes' XXIII. meinten, als der Papst die Absicht äußerte, eine neue Sozialenzyklika herauszugeben, es lohne sich nicht, die von seinen Vorgängern bereits ausführlich behandelten Themen erneut anzufassen. Sie meinten, mit den Enzykliken „Rerum novarum“ von Leo XIII. und „Quadragesimo anno“ von Pius XI. habe die Kirche ein für allemal ihren Standpunkt zum Thema der sozialen Gerechtigkeit klargemacht, verdeutlicht und unmißverständlich zum Wohle der Arbeiter herausgestellt. „Nein“, sagte Johannes, „seit jenen Zeiten sind viele Jahre vergangen. Die Welt schreitet schneller voran als wir. Wir müssen uns anpassen, täglich, gründlich, um nicht hinterherzuhinken. Wir werden sonst überrannt. Von wem? Das können sich alle selber ausrechnen ...“

MAIANDACHT

Jedesmal im Monat Mai forderte Johannes XXIII. die Gläubigen zu besonders eifrigen Rosenkranzgebeten auf, die so recht geeignet seien für die Maiandacht zu Ehren

Mariens. In seiner letzten Massenaudienz vor seinem Tode am ersten Mittwoch im Mai 1963 extemporierte Papst Johannes bei der Gebetsaufforderung an die Gläubigen: „Ich weiß, es fällt oft schwer, den Rosenkranz voller Andacht zu beten. Aber wenigstens einmal am Tage solltet ihr euch Zeit dafür nehmen. Ich will ja nichts sagen, wenn unaufschiebbare Arbeit zu verrichten ist, eine wichtige familiäre Angelegenheit keinen Aufschub duldet, Gefahr im Verzuge ist. Meistens aber ist es doch Bequemlichkeit, die uns den Rosenkranz vernachlässigen läßt. Später, im Alter, wenn die Bedeutung des Rosenkranzes erkannt worden ist, sind wir viel eifriger, denn er gibt uns Trost, Stärke und Vertrauen. Aber schon in der Jugend sollten wir ihn liebhaben. Leider muß ich bekennen, daß ich als Junge auch davongelaufen bin, um lieber draußen herumzutollen, als im Hause zum Rosenkranzgebet zu verbleiben ..."

DIE BRILLE

Johannes war weitsichtig. Zum Lesen und Schreiben mußte er eine Brille aufsetzen. Das Protokoll zwang ihn häufig, angefangene Schriftstücke oder Akten beiseite zu legen. Beiseite legte er dann aber auch die Brille, um sie ein paar Minuten später wieder zu suchen. Dieses Instrument zu verlegen scheint das Schicksal aller Brillenbenutzer zu sein. Papst Roncalli war davor nicht gefeit. Seine Mitarbeiter, die Zeremonienmeister, der Leibdiener, alle hatten es sich zur Gewohnheit gemacht, stets eine Ersatzbrille bei der Hand zu haben, um notfalls sofort aushelfen zu können. In den ersten Wochen des Pontifikats kam es gelegentlich noch vor, daß der Sekretär die Brille aus dem Arbeitszimmer herbeizuschaffen hatte, wenn sie in einem anderen Raum der päpstlichen Gemächer gebraucht wurde.

Es war bei der feierlichen und prunkvollen Eröffnung des Zweiten Vatikanischen Konzils im Petersdom, als wieder einmal die eigene Brille nicht in den Taschen der päpstlichen Gewänder zu finden war. Der Papst wollte seine Ansprache verlesen, in der er, ungeachtet seiner sonstigen Güte, indirekt die große Gefahr beklagte, die der atheistische und materialistische Kommunismus für die Seelen und den Frieden der gesamten Menschheit darstellt. Johannes XXIII. bekannte, „mit welch großem Schmerz Wir feststellen müssen, daß zahlreiche Unserer geliebten Bischöfe heute hier fehlen. Sie sind entweder um ihrer Treue zu Christus willen eingekerkert oder durch sonstige Hindernisse festgehalten."

Der Papst begann nach seinem optischen Hilfsgerät zu fischen, offensichtlich erfolglos.

Die verlegte Brille machte den Papst indessen nicht verlegen. Ein kurzer Stoßseufzer, und er ließ sich vernehmen: „Na ja, wenn die Nahsicht nachläßt, kann man nichts machen, das ist schließlich *Gottes* Wille, aber die Brille zu verbummeln, das ist eine Schlamperei von *mir!*"

BEIFALL

Einen zähen Kampf führte Johannes XXIII. gegen den allzu lauten Enthusiasmus seiner Landsleute in den Gotteshäusern. Ihm war es bei aller Volksnähe nicht lieb, gerade in Kirchen umjubelt und beklatscht zu werden. Als Sohn des gesetzteren italienischen Nordens mochte er die stille Verehrung dort gewahrt wissen. Jeder Lärm – Jubelschreie und Beifallsrauschen gehören dazu – sollte nach seinem Willen vor dem Kirchenportal verstummen. Wer ein Gotteshaus betritt, sollte fromme Hingabe mitbringen und weihevolle Ruhe wiederfinden.

Die Römer aber, und vielleicht auch alle Südländer, bleiben weiter lärmfreudig. Schweigende Zuneigung und stumme Liebe erscheinen ihnen wie eine Geringschätzung. Begeisterung laut zu verkünden ist ihnen nicht nur eine Temperamentsfrage, sondern Ausdruck echten Lebens, das sich nicht zügeln lassen will. Offenbar hatte es der Papst dennoch nicht aufgegeben.

Einmal – das Pontifikat Johannes' XXIII. hatte eben erst glücklich begonnen – ließ er direkten Zwang ausüben. Auf den Einladungen zu einer großen Feierlichkeit in der Peterskirche, die der Oberstkämmerer verschickt, stand, der Papst würde nicht auf dem Tragthron erscheinen, sondern sich zu Fuß in die Basilika begeben. Das zu feiernde Trauergedenken verbiete es außerdem, den Heiligen Vater mit Beifallsklatschen zu begrüßen. Zum ersten Male herrschte beim Erscheinen Seiner Heiligkeit wirklich Schweigen. „Aber doch 'n bißchen traurig" *(però è un po' triste)*, hörte man aus der Menge sofort kommentieren.

Seitdem hatte zwar der Oberstkämmerer keinen Einfluß mehr auszuüben versucht, aber der Papst ließ nicht locker.

Bald nach dem protokollarisch geglückten, aber unpopulären schriftlichen Schweigegebot versuchte es der Papst erstmals auf seine eigene Art. „Ich sehe gern Rompilger und so viele Gläubige vor mir. Hört auch nicht auf, mich zu besuchen, aber bitte, bleibt besinnlich. Eine Pilgerreise soll ja erbauen. Bewahrt also mehr Ruhe." Mit diesen Worten leitete Papst Johannes eine der in Massenaudienzen üblichen, improvisierten Ansprachen ein. Es war in der Peterskirche. Der Papstthron befand sich direkt vor dem Petersgrab. „Besonders hier, wo der Apostelfürst seine letzte Ruhestätte gefunden hat, solltet ihr still sein." Mit einem Seufzer schloß der Papst: „Ich frage mich oft, wie der arme heilige Petrus da unten bloß ruhen soll, bei dem Krach *(chiasso)*, den ihr hier oben immer macht."

Bei einer anderen Gelegenheit versuchte es der Papst mit einem direkten Zitat, das aber auch nicht die gewünschten Folgen zeitigte: „Wenn ihr stille bliebet, so würde euch geholfen" (Jes. 30,15). Der Römer will nun mal seinen Papst, gleichgültig, wo er sich zeigt, tosend begrüßen: „Ich bin so ohnmächtig, daß ich nicht reden kann" (Ps. 77,5).

In der Fastenzeit 1963 nahm der Papst wie in allen Jahren seines Pontifikats außerhalb der Vatikanstadt nacheinander an den Sonntags-Hochämtern in verschiedenen Pfarrkirchen Roms teil. Insgesamt waren an den sechs

Sonntagen über eine Million Menschen, darunter sehr viel Jugend, herbeigeströmt, um den Papst zu sehen, ihm zu huldigen, seinen Segen zu empfangen und um ihm natürlich auch in den Kirchen laut zuzujubeln.

Es sei eine Schilderung des grandiosen Geschehens versucht:

Am Invocabit-Sonntag, dem 3. März 1963, fährt Johannes XXIII. zum volkreichen Viertel im Südosten der italienischen Hauptstadt. Mehr als 150000 Gläubige, Schaulustige und Kinder säumten die umliegenden Straßen der Kirche im Viertel Quarticciolo. Der 300er bahnt sich mühsam wie über unwegsames Gelände seinen Weg durch die herandrängende Menschenmenge. Kleine Mädchen herrschen mit ganz vornliegender, schmetternder Stimme die Polizisten an: „Los, gafft nicht so, nehmt uns auf die Schultern, wir wollen auch mal den Heiligen Vater sehen!" Ihr Wille geschieht, doch nicht in allen Fällen. Auf den Bäumen hängen die verwegensten jungen Burschen des Viertels wie Weintrauben. Waisenkinder in einheitlicher Kleidung schwenken gelbweiße Papierfahnen. Aus Lautsprechern ertönen von reichlich abgespielten Platten fromme Weisen. Frauen winken mit Taschentüchern und kreischen vor Aufregung über den Papstbesuch. Man versteht sein eigenes Wort nicht mehr.

In der Kirche geht das gerade vom Chor gesungene „Credo" im ohrenbetäubenden Jubelruf „Viva il Papa!" unter. Beim „Vexilla regis" wird es noch lauter, auch im Innern der Kirche. Aus dem Lautsprecher tönt jetzt der Ruhe heischende Hinweis: „Achtung, der Heilige Vater spendet in diesem Augenblick der Reliquie des Heiligen Kreuzes den Weihrauch." Es wird aber nicht still, im Gegenteil. Erst bei der Segenserteilung mit der Reliquie durch den Weihbischof Cunial sammelt sich die Schar in der Kirche zu andächtiger Ruhe.

Draußen geht das auf und ab schwellende Brummen weiter. Gleich nach dem Segen jedoch, als der Papst vom Altar aus das erste Wort spricht, brandet die Begeisterung wieder empor. Johannes XXIII. redet unbekümmert weiter. Das Volk beruhigt sich etwas, es murmelt nur noch nebenher, und der Papst erklärt: „Wenn wir uns verstehen wollen, müßt ihr, wenn ich spreche, gefälligst eure Zunge ein bißchen im Zaum halten. Ich habe schließlich die lange Anfahrt gemacht, damit *ich* hier zu euch sprechen kann, und nun schwatzt *ihr* unentwegt. Paßt nur auf, wenn ich jetzt nicht zu Worte komme, fahre ich gleich wieder weg. Beißt euch also auf die Zunge, wenn ihr eure Herzen befriedigen wollt!"

Mehrere Prälaten raufen sich die Haare. Alles Gezische und alles Silentium-Gerufe fruchtet nichts, der Papst bringt nur die Hälfte seiner Ansprache an. Die Begeisterungsstürme machen jedes weitere Wort unmöglich.

Der Papst jedoch, voller Verständnis, resigniert nicht, sondern ruft fröhlich aus dem 89. Psalm in die Menge: „Wohl dem Volk, das jauchzen kann!"

Am Passionssonntag, als der Papst in der Kirche San Basilio abermals vom Beifallsrauschen der Menge umgeben war, wurde er energischer. „In der Kirche klatscht man nicht, selbst dann nicht, wenn der Papst dabei ist." Die plötzliche energische und recht ungewohnte Strenge machte das zuhörende Arbeitervolk aber nur für einen Augenblick stutzig. Kaum hatte der Papst wieder sein gütiges Lächeln aufgesetzt, da erscholl auch wieder Beifall, und Freudenrufe ließen das Gotteshaus erzittern. Johannes wollte weitersprechen, kam aber wegen eines wiederum ausbrechenden Jubelsturmes nicht dazu.

Er nahm nun zum letzten Hilfsmittel Zuflucht: er wandte sich zum Gehen. Da erst schwieg die Menge, ja, sie hörte andächtig die frei gesprochenen Worte, die indirekt eine Antwort sein sollten an alle Kritiker, die Johannes XXIII. besonders nach der Privataudienz für den Schwiegersohn Chruschtschows vorgeworfen hatten, er würde „zu weit nach links" abweichen: „Der Papst ist immer Optimist. Er hat nur das Gute vor Augen. Ich bin das Echo der Worte, die Jesus gesprochen hat, der auch allen wohlgesinnt war und der niemanden etwas zuleide tat. Ich bevorzuge immer das Ja vor dem Nein... Seht, der Papst bewaffnet keine Nation. Er hat keine bedrohlichen Raketen, keine Panzerdivisionen. Er betreibt keine Politik und ist nicht in große Geschäfte verwickelt. Ich bin ein Arbeiterkind, das mitten im Volk gelebt hat, und das gedenke ich auch zu bleiben, selbst wenn ich heute in der Kirche im Dienste Gottes stehe."

Es war die aus diesen Worten leuchtende, demutsvolle Bescheidenheit, die nach einigen Minuten Ergriffenheit einen neuen Beifallssturm auslöste.

Pius XII. aber, der gebürtige Römer, kannte gerade seine engeren Landsleute: er hat niemals versucht, sie umzuformen. Er ließ sie von Anfang an gewähren. So wie auch Johannes XXIII. sie letzten Endes gewähren lassen mußte. Eine strenge kirchliche Disziplin gewöhnter Nordländer fragte einmal Papst Pius XII., als dieser noch Nuntius in Berlin war, warum sich die Römer in der Kirche benähmen, als seien sie im Theater. Geistreich und schlagfertig kam es zurück: „Aus dem gleichen Grunde, aus dem sich die Deutschen im Theater wie in einer Kirche benehmen."

WEINPROBE

An einem schönen Herbsttag wandelte der Papst durch die vatikanischen Gärten. Gut gelaunt, erblickte er von weitem seinen ihm treu ergebenen Gärtner, der wie der Heilige Vater selber aus dem „Veneto" nach Rom verschlagen worden war. Der Papst verweilte immer ein paar Minuten bei dem Gärtner, um sich mit ihm vornehmlich über Pflanzen und Blumen zu unterhalten. Dieses Gesprächsthema lag ihm besonders. Er kannte sich schließlich aus, zumal er auch zuerst den harten Teil der Landarbeit kennengelernt hatte. Schon in frühester Jugend mußte er sich in den elterlichen Weinbergen bei Sotto il Monte abplagen.

Der päpstliche Gärtner hatte gerade begonnen, den Jahrgang 1959 vom vatikanischen Weinberg auf Flaschen zu ziehen, als er den Papst herannahen sah. Schnell hatte er ein Gläschen von diesem wohl einzigartigen Wachstum eingegossen und den Papst nach einer tiefen bäuerlichen Reverenz damit empfangen. Mit Kennerblick prüfte der Papst zuerst die Farbe, indem er das Glas zum Sonnenlicht emporhielt. Klar und goldfunkelnd bestätigte der Wein seine Herkunft vom vatikanischen Hügel. Sodann nahm Johannes ebenso anerkennend die Blume in sich auf. Der Duft einer vollen, sonnenträchtigen Frucht breitete sich aus. So rassig und gleichsam würzig, wie er, bedingt durch die glückliche Synthese von Schieferboden und Rieslingtraube, dem Moselwein eigen ist. Nun fühlte der Papst noch am weingrünen Glase die richtige Temperatur, bevor er den ersten tiefen Schluck ganz langsam und bedächtig genoß. Beim Absetzen öffneten sich die Augenlider, und ein kaum hörbarer Schnalzer leitete folgenden, für Papst Roncalli typischen Lobspruch ein: „Enrico, von diesem Tropfen läßt du mir aber keinen hier vorbeikommenden Priester kosten. Die Monsignori würden ihn als Meßwein haben wollen und brächten es glatt fertig, vier, wenn nicht gar fünf heilige Messen am Tage zu lesen…"

ARBEITSEIFER

Uralte, verwitterte Steineichen flankieren den Spazierweg im oberen Teil der Vatikangärten, den Papst Pius XII. bevorzugt benutzte. Unweit davon befindet sich eine mit dichten Laubbäumen umstandene, künstlerisch behauene Travertinbank, über der die Baumkronen eine schützende Kuppel bilden.

Johannes XXIII. weilte gern an diesem erholsamen Gartenplatz *„all'italiana"* im Stil des 16. Jahrhunderts. Ganz in der Nähe steht eine Miniaturnachbildung der wundersamen Grotte von Lourdes, die Leo XIII. von französischen Gläubigen für die vatikanischen Gärten geschenkt worden war. Bis zu dieser einladenden Bank wurde Johannes XXIII. eines Tages von einem eminenten Besucher aus Kanada begleitet. Der Papst hatte ihn zu einem Spaziergang aufgefordert. Plötzlich fragte der Besucher in die Stille hinein, nur so, um das schon lange während Schweigen zu brechen: „Heiliger Vater, wie viele Menschen arbeiten eigentlich im Vatikan?“ Papa Roncalli, einem anregenden Gespräch sonst über alles zugetan, antwortete: „die Hälfte“.

RANGORDNUNG

Der erste Kardinalstaatssekretär Seiner Heiligkeit Papst Johannes' XXIII. war der temperamentvolle Römer Domenico Tardini. Tardini liebte es sehr, sich auch gegenüber unbekannten Besuchern im blumenreichen römischen Dialekt auszudrücken. Für seine Umgebung lockerte sich damit die manchmal verhärtete Atmosphäre, mit der sich Tardini wie mit einem Schutzwall zu umgeben pflegte. Ein Eigenbrötler war er im Sinne der von ihm gesuchten und beschrittenen eigenen Wege, nicht aber im Sinne eines Sonderlings. An einem Empfang zum Beispiel, den ihm zu Ehren die römische Auslandspressevereinigung, die „Stampa Estera“, unter seinem damaligen Präsidenten Max Bergerre von der „Agence France Presse“ gab, wollte er nur teilnehmen, wenn ihm anstelle von Getränken und Leckerbissen der Unkostenbeitrag für die Ausrichtung des Empfangs in bar überreicht werden würde. Den Betrag stiftete er sofort dem von ihm in Rom gegründeten Waisenhaus. Es waren runde hunderttausend Lire gleich 640 Deutsche Mark. Die Presseleute hatten sich Whisky und Knabbereien selber zu besorgen.

Als echter Römer liebte Tardini die lebhafte Diskussion. Jedem trat er zwanglos gegenüber. Auch als Student und Seminarist behauptete er sich bei seinen Professoren. Bange sein galt nicht. So verlief sein ganzes Leben. Später, als hoher Würdenträger der Römischen Kurie, hat er seinen Untergebenen niemals geboten, die von ihm gehörten Redensarten für sich zu behalten oder irgendeine von ihm stammende Geschichte nicht weiterzutragen. Im Gegenteil, er hörte es gern, wenn seine oft recht drastischen, bilderreichen Sprüche kolportiert wurden. Er verlangte nur die Wahrung der Urheberrechte. Sprechverbote erließ er nur im Zusammenhang mit Staatsgeheimnissen.

Als jahrelanger engster Mitarbeiter Pius' XII., den er, immer wenn die Rede von ihm war, nur „Santo Padre" nannte, gewöhnte Tardini sich recht langsam an das Pontifikat Johannes' XXIII. Das Ungewohnte führte dazu, daß er jedesmal, wenn der neue Papst nach ihm verlangte, lospolterte: „Schon wieder ruft mich ‚der da oben' ..., ausgerechnet jetzt, wo ich so viel zu tun habe!"

Im Palast der Vatikanstadt befindet sich das Staatssekretariat im ersten Stockwerk, die päpstlichen Gemächer im dritten. Tardini tat diesen Ausspruch so lange, bis Papst Johannes ihn deswegen ansprach. Eines Tages, nach einer bedeutsamen kirchenpolitischen Besprechung, nahm Johannes seinen getreuen Kardinalstaatssekretär beiseite und redete ihn an: „*Caro Tardini,* ich möchte doch mal eines präzisieren: ‚der da oben' ist unser aller Herr, der Ewige Vater im Himmel ... Ich aber bin bloß ‚der vom dritten Stock' ..." Pause.

Sodann der Nachsatz: „Bitte, bringen Sie mir also nicht dauernd die Rangordnung durcheinander!"

NACHTWACHE

Johannes XXIII. hielt keinen geregelten Tagesablauf ein. Er improvisierte viel und ließ sich keinen Stundenplan aufzwingen, er durchbrach ihn immer nach eigenem Gutdünken. Er schlief auch viele Nächte einfach nicht durch.

In den ersten Nächten seines Pontifikats fiel ihm bei nächtlicher Schreibarbeit das Aufundabgehen der Wachen am päpstlichen Vorzimmer auf. Zu zweit marschierten die Nobelgardisten mit ihren schweren Säbeln und hohen Stulpenstiefeln sporenklingend hin und her. Johannes XXIII. schien es ein zu großer Aufwand. In einer dieser Nächte griff er ein, zumal das Geräusch der gleichmäßigen

Schritte noch durch das Husten eines der Gardisten verstärkt wurde.

Die Wachen nahmen sofort Haltung an, als der Papst die Tür aufmachte, und beide schnarrten befehlsgemäß ihre Meldungen herunter. „Gemach, gemach“, besänftigte sie der Papst, „nur nicht so aufgeregt. Geht lieber ins Bett. Geht lieber schlafen. Auf mich braucht ihr nicht aufzupassen. Ich werde vom Heiligen Geist beschützt.“ Die Wachen gehorchten, machten kehrt und wollten davoneilen. Da rief der Papst sie zurück und drückte dem Nächststehenden noch eine kleine Schachtel in die Hand: „Und hier habt ihr gegen den Husten ein paar Pillen. Gute Nacht!“

ALARM

Es krachte und polterte über dem päpstlichen Arbeitszimmer. Steine und Bohlen wurden gewälzt. Hammerschläge dröhnten von der Decke herab, und das Geräusch kreischender Handsägen wurde immer unerträglicher.

Papst Johannes saß am Schreibtisch und konnte sich überhaupt nicht konzentrieren. Er wußte zwar, daß im oberen Stockwerk Renovierungsarbeiten auszuführen waren, aber die Arbeiter sollten möglichst in seiner oft stundenlangen Abwesenheit tätig sein. Eine Terminverschiebung hatte jedoch zu der vom Papst als störend empfundenen Konfusion geführt.

Kurzentschlossen machte er sich auf, um den Lärm persönlich abzustellen. Pius XII. hätte wohl eher seinen Leibdiener oder vielleicht die Madre Pasqualina, seine Haushälterin, hinaufgeschickt. Nein, Papst Johannes wollte selbst nach dem Rechten sehen. Niemand hatte bemerkt, daß er sein Arbeitszimmer flinken Schrittes verlassen hatte.

Oben angekommen, sah er die Bescherung. Die Arbeiter waren damit beschäftigt, neue Streben im Fußboden, seiner Zimmerdecke also, einzuziehen.

Immerhin – der Apostolische Palast steht schon einige

Jahrhunderte und bedarf ständiger statischer Kontrollen. Die Arbeiter ließen vor Schreck über den plötzlich in ihrer Mitte stehenden Papst die Werkzeuge fallen. „Na ja", hörten sie den Papst sagen, „wenn es so ist, müßt ihr halt tüchtig weiterschaffen, sonst bricht der Palast zusammen. Aber ausgerechnet so auf meinem Kopf herumzuhämmern, das ist wohl doch nicht nötig! Nun, schelten dafür kann ich euch nicht. Jeder muß schließlich seine ihm aufgetragene Arbeit verrichten. Ihr die eure, ich die meine." Nachdem er sich noch kurz mit jedem einzelnen unterhalten hatte, segnete der Papst die acht Mann und begab sich wieder nach unten.

Schon in seinem Vorzimmer traf er auf eine Menge aufgeregt gestikulierender Hofbeamten. Sie atmeten auf und fielen auf die Knie, als sie des Papstes ansichtig wurden. Man hatte schon Alarm gegeben: der Papst sei irgendwohin verschwunden. In seinem Arbeitszimmer waren noch mehr Kämmerer, sein Sekretär und sogar Gendarmen versammelt. Auch hier wieder ängstliche Gesichter.

„Was sucht ihr denn?" wollte der Papst wissen. „Etwa mich?" fragte er gelassen und zeigte mit dem rechten Zeigefinger auf sich selbst. „Nicht nötig", bedeutete er den Untergebenen, „ich war mal eben bei den Maurern und Zimmerleuten. Sucht lieber schnell ein paar Flaschen Wein, und bringt sie den fleißigen Arbeitern hinauf. Die haben vielleicht einen Durst in dem Staub da oben."

ABERGLAUBE

Papst Johannes XXIII. hat manche Tradition wieder eingeführt, die seine Vorgänger abgeschafft hatten oder nicht mehr beachteten. Er trug zum Beispiel wieder die aus dem Mittelalter stammende wärmende rote Samtmütze mit weißem Pelzbesatz, den sogenannten „Camauro", obwohl der Apostolische Palast gegenüber anderen Zeitläuften im 20. Jahrhundert durchaus gut beheizt ist.

Ausgemerzt hatte Papst Johannes dagegen den Brauch,

die weiße päpstliche Kalotte, auch Tonsurkäppchen genannt, an die Gläubigen zu verschenken, die ihm dafür ein neues hinzuhalten pflegten. Pius XII. hat manchmal bei Massenaudienzen rund hundertmal die Kalotte gewechselt. Die Abneigung gegen diesen Brauch scheint bei Johannes durch Lourdes aufgekommen zu sein. Nach der Einweihung der neuen unterirdischen Basilika durch ihn als Legaten Pius' XII. vermachte er den Hütern der wundertätigen Grotte von Lourdes seine Kardinalskalotte. Sie wird seitdem dort den Gläubigen und Pilgern als eine besondere historische Kostbarkeit gezeigt.

Als ihm dann später im Krankenhaus „Bambino Gesù" in Rom von der Mutter eines kranken Kindes ein weißes Käppchen hingehalten wurde, steckte er es kurzerhand ein und bedankte sich, ohne indessen sein eigenes dafür herzugeben. Tröstend erklärte er der Mutter, er wolle diesen Brauch gern abschaffen. „Er leistet dem Aberglauben Vorschub. Außerdem möchte ich nicht dafür verantwortlich sein, daß eine ganze Hutfabrik nur für mich arbeiten muß."

KALOTTENWECHSEL

Seine rote Kardinalskalotte hingegen hatte Johannes das zweite und letzte Mal im Konklave weggeschenkt. Freilich nicht, um einen Aberglauben zu stützen, sondern um eine uralte Tradition wiederaufzunehmen, die Pius XI. und Pius XII. jäh unterbrochen hatten. Noch im Konklave, wenn der neue Papst gewählt ist, wenn er die Wahl angenommen und wenn er verkündet hat, welchen Namen er tragen wolle, nähert sich dem Erwählten der Konklavesekretär, um ihm das weiße Tonsurkäppchen zu überreichen, als allererstes äußerliches Zeichen seiner neuen Würde. Die Fülle der Gewalten übernimmt der Neugewählte und übt sie von dem Augenblick an aus, indem er laut und vernehmlich die Wahl annimmt, aber noch in Kardinalspurpur gekleidet ist.

Die Tradition will es, daß der neue Papst beim Entgegennehmen des weißen Käppchens sein rotes abnimmt und es dem Konklavesekretär aufsetzt. Der Neugewählte bekundet damit seinen Willen, ihn, den Sekretär des Konklaves, zum Kardinal zu ernennen. Es ist gewissermaßen seine erste Kreierung eines Kardinals, und zwar noch bevor er ein Konsistorium einberufen hat.

Der Kalottenwechsel ist nicht nur für die beiden Betroffenen eine geradezu radikale Daseinsveränderung, sondern ein erregendes Erlebnis für alle Kardinäle und Konklavisten. So gesehen, läßt sich ahnen, was im Kopf von Monsignore Arborio Mella vorgegangen ist, als er Kardinal Achille Ratti das weiße Käppchen überbrachte, nachdem der soeben gewählte Papst für sich den Namen Pius XI. auserkoren hatte, ohne jedoch beim Niederknien das noch körperwarme rote Käppchen Rattis auf seinem Haupt zu spüren. Der damalige Papst Pius XI. dachte aber anders über diese Tradition. Nach peinlichen Sekunden, die Mella wie eine Ewigkeit erschienen, wagte er aufzuschauen: Pius XI. setzte sich mit der linken Hand gelassen das weiße Käppchen auf, und mit der rechten steckte er flink das rote tief in die Tasche der eigenen Soutane. Vergeblich hatte Mella den Kopf lange, sehr lange vornübergeneigt gehalten ...

Der soeben zum Papst gewählte Kardinal Roncalli setzte die rote Kalotte dem Konklavesekretär Monsignore Alberto di Jorio auf, der als einziger Nicht-Purpurträger während des Konklave in der Sixtinischen Kapelle weilen durfte. Zweifelnd faßte di Jorio an seinen Kopf. „Ja", sagte da Angelo Roncalli, „ich meine es wirklich ..., du hast meine Kalotte auf."

DEMUT

Johannes XXIII. visierte Hindernisse und Hürden immer sehr bedächtig an. Widersacher wurden durch seine Güte reuevolle Bekenner. Auch die kleinste Aufgabe, das kleinste Anliegen löste in ihm höchste Aufmerksamkeit aus.

Mehr als jemals zuvor in seinem Leben fühlte Johannes als Papst die ihm auferlegte Verantwortung. Sie war ihm aber keine Last, wie er seiner Umgebung oftmals versichert hatte, sondern eine gottgewollte Bürde, die es deshalb mit Freuden zu tragen galt. So konnte Johannes fast alle Klippen leicht nehmen und umgekehrt nur schwer verstehen, wie hohe geistliche Würdenträger Klage führen konnten, wenn sie unter den seelsorgerischen oder kirchenamtlichen Aufgaben und Pflichten stöhnten. Zunächst einmal, pflegte er zu sagen, hat der Heilige Geist einen Menschen zum Priester bestimmt; sodann aber fällt der betreffende Mensch in eigener Verantwortung die Entscheidung, Nächstenliebe zu predigen und vorzuleben.

Ein neuernannter Bischof beklagte sich in der ihm von Johannes XXIII. erstmals gewährten Privataudienz, daß die neue Bürde ihn nicht mehr schlafen lasse. „Oh", machte Johannes in mitleidsvollem Tone, „mir ging es in den ersten Wochen meines Pontifikats genauso, aber dann sah ich einmal im Wachtraum meinen Schutzengel, der mir zuraunte: ‚Giovanni, nimm dich nicht so wichtig …' Seitdem schlafe ich wieder."

KARNEVAL

Im Februar 1963 sprach Johannes XXIII. in der Peterskirche zu den Gläubigen ausführlich über die Liturgie der Fastenzeit. Andächtig lauschten mehrere tausend Zuhörer aus aller Welt, aber nur die der italienischen Sprache Mächtigen konnten den Worten des Papstes folgen. Alle anderen mußten sich mit der anschließenden Übersetzung in verschiedene Sprachen begnügen, die aber, aus Zeitgründen wesentlich gekürzt, nur den Hauptinhalt der Papstrede enthielt. Ganz verzichten mußten die des Italienischen Unkundigen auf den letzten Absatz der Ansprache, der vom voraufgegangenen Karneval handelte und echt roncallisch so lautete: „Natürlich darf es auch Karnevalsfeiern geben. Doch sollten dabei immer die Grenzen der Mäßigung eingehalten werden, und niemand darf die Gesetze Gottes verletzen oder übertreten. So betrachtet und erlebt, ist sich vergnügen keine Sünde."

UNTERSCHIED

Kardinal Testa aus Bergamo, der häufigste Tischgast Johannes' XXIII., erzählte seinem alten Duzfreund eines Tages beim gemeinsamen Essen von einem Kardinal, der nach seiner Papstwahl nichts mehr von der Außenwelt wissen wollte, der sogar seine Verwandten desavouierte, weil sie ihn angeblich nicht mehr fein genug waren. „Das muß aber lange her sein", warf Johannes ein. „Jedenfalls", fuhr Kardinal Testa fort, „ließ dieser Mann mit dem Durchschreiten des Bronzetors der Vatikanstadt eine riesige enttäuschte Verwandtenschar zurück." Vergeblich suchten sich die Verwandten bemerkbar zu machen, als „ihr Papst" zum ersten Mal auf dem Tragthron sichtbar wurde. Sie winkten am auffälligsten, sie jubelten ihm am lautesten zu. Nichts da. Unterschiedslos segnete besagter Papst nach allen Seiten und machte keinerlei Zeichen des besonderen Wohlwollens zu seiner Sippe. Johannes hatte mit ernstem Gesicht zugehört, um sodann auszurufen: „Verlasse dich darauf, lieber Gustavo, ich wohne zwar diesseits des Portals, aber mein Herz habe ich jenseits der berühmten Pforte verloren."

ICH UND DER PAPST

Der Ministrant, ein braver Augustinerpater, dienerte während der heiligen Messe in der Privatkapelle des Papstes viel zu oft. Johannes war es leid, daß ausgerechnet ihm so leidenschaftlich assistiert wurde, und erklärte seinem Meßdiener eines schönen Morgens: „Von morgen an dienen Sie mir bei der Messe so schlicht wie jedem anderen

Zelebranten, bitte. Und wenn Sie deswegen von einem hohen Herrn gerügt werden, dann sagen Sie einfach: ich und der Papst haben uns so geeinigt!"

GESCHICKT

Als Nuntius in Paris konnte sich Exzellenz Roncalli einmal einem Gespräch mit dem französischen Kommunistenführer Maurice Thorez nicht entziehen. Nach den ersten Höflichkeitsfloskeln brachte Thorez das Gespräch ganz geschickt auf das Problem der Arbeiterpriester. Er wollte unbedingt die Meinung des päpstlichen Nuntius dazu hören, als einen Hinweis gewissermaßen, ob der Heilige Stuhl diesem in Frankreich geborenen Gedanken von der Seelsorge direkt am Arbeitsplatz wohlwollend gegenüberstehe. Der Nuntius unterbrach, sein Glas hebend, noch geschickter, seinen Gesprächspartner mit einem wohlformulierten Lob über den französischen Wein. Monsieur Thorez wisse doch wohl, daß er von armen Weinbauern abstamme, er also durchaus als erstklassiger Weinkenner gelten könne, dessen Lob hoch einzuschätzen sei. Gewiß, gewiß, beeilte sich Thorez zu erwidern, wähnend, er würde bald zum Thema zurücksteuern können. Doch vergeblich. Exzellenz Roncalli hielt ihm eine so hervorragende Akademierede über die Vorzüge der französischen Weine, daß er nur noch zuhören konnte. Nach geraumer Zeit verabschiedete sich der Nuntius von dem verdattert dastehenden KP-Chef, ohne daß dieser etwas von ihm über die Arbeiterpriester herausgebracht hatte.

KAVALIER

Als Nuntius in Paris kam Exzellenz Roncalli bei einem Galadiner, seinem Rang entsprechend, rechts von der Gastgeberin zu sitzen. Es war die Gattin eines südamerikanischen Botschafters. Wer es noch nicht wußte, hatte zumindest an diesem Abend – sofern er glücklicher Augen- und Ohrenzeuge war – erkannt, daß Monsignore Roncalli nicht in Verlegenheit zu bringen war. Die hübsche Hausfrau trug ein traumhaft schönes, tief ausgeschnittenes Dior-Kleid. Vielleicht war allenfalls ihr Décolleté nicht ganz der Würde ihres Tischherrn angepaßt. Fast waren ihre üppigen Formen wie bei Andrea Solarios „Madonna mit dem grünen Kissen" zu bewundern, freilich nicht in so hehrer Mütterlichkeit.

Der Tafelrunde hatte sich eine gewisse „Gene" mitgeteilt. Voller Beklemmungen schauten die Gäste unentwegt auf den päpstlichen Nuntius. Eine rechte Tischunterhaltung wollte und wollte nicht aufkommen. Gerade war man beim Hauptgang angelangt, da durchbrach Exzellenz Roncalli, befreiend für alle, besonders aber für die Dame des Hauses, die peinliche Stille. Mit großem Heiterkeitserfolg rief er aus: „Ich weiß gar nicht, warum alle Gäste immer nur auf mich schauen, auf mich, einen armen, alten Sünder, wo doch meine Nachbarin, unsere charmante Gastgeberin, so viel jünger und attraktiver ist ..."

LUFTTAUFE

Monsignore Roncalli ist in seinem Leben viel geflogen. Seine Flugfestigkeit war bekannt. Im März 1958, rund sieben Monate vor seiner Wahl zum römischen Papst, absolvierte er seinen zehnten Langstreckenflug von Venedig nach Lourdes. Die Franzosen, alle, Episkopat, Gläubige und die Regierung, wünschten, daß er, der Patriarch von Venedig, der acht Jahre lang Nuntius in Paris gewesen war (1945 bis 1952), als päpstlicher Legat die neuerbaute unterirdische Basilika von Lourdes, die dem heiligen Papst Pius X. geweiht ist, konsekrierte. Sie wollten dazu allerdings nicht den Nachfolger Roncallis, den späteren Kardinal Paolo Marella, keinen Kurienkardinal und erst recht keinen Legaten französischer Nationalität. Einstimmig ertönte der Ruf nach Roncalli. Pius XII. konnte diesen Ruf unmöglich überhören und ernannte den venezianischen Patriarchen zu seinem Legaten für die Feierlichkeiten in Lourdes.

Frankreich schickte dem päpstlichen Legaten Roncalli eine besonders für ihn ausgestattete „Caravelle", eine der ersten Maschinen dieses berühmten Typs. Das umfangreiche Gefolge führte Monsignore Angelo Dell'Acqua vom päpstlichen Staatssekretariat. Als einziger Journalist durfte der italoamerikanische Radioreporter John Passetti-Huntington an dem Flug als Berichterstatter für französische und italienische Sender teilnehmen.

Etwa über Marseille ließ der Reporter das Tonband – man kann es noch heute bei ihm abhören – abermals bei einem Gespräch mit Roncalli laufen. Nach seinem Eindruck über den Flug in der neuen Düsenmaschine befragt, gab der Kardinal folgende Antwort: „Ich bin ein alter Habitué der Luftfahrt. Ich bin in meinem Leben mehr Kilometer geflogen als Lindbergh. Am Fliegen bereitet mir nur eines Verdruß: wieder niederzusteigen zu den Sündern der Erde, und die Reise, die mich dem Paradies näherbringt, unterbrechen zu müssen ..."

Bei dieser Betrachtung blickte Kardinal Roncalli in die Runde und sah gerade, wie ein hoher Würdenträger seines Gefolges zur Tüte griff. Der Legat, bei bester Laune, nahm den religionsphilosophischen Faden nicht wieder auf, sondern raunte Passetti zu: „Ich rate Ihnen, meine Kollegen nicht zu interviewen, sie haben keine Zeit dafür, denn sie sind dabei, die Lufttaufe zu empfangen."

„DRIVE IN"

Zum Auftakt der Konsekration der neuen unterirdischen Basilika in Lourdes wurde dem päpstlichen Legaten ein mit rotem Damast drapierter Jeep zur Verfügung gestellt. Das Zeremoniell will es, daß der weihende Bischof das Gotteshaus in einer Prozession dreimal umschreitet, bevor er durch das Hauptportal die Kirche zum Weiheakt betritt. Nach jeder Runde hat er eine genauestens vorgeschriebene Formel zu sprechen.

Vielleicht wegen der Abmessungen der großen Basilika, vielleicht aber auch mit Rücksicht auf seine Leibesfülle, absolvierte Kardinal Roncalli die vorgeschriebenen drei Runden in diesem Jeep. Am Hauptportal stieg er aus und raunte dem ihm folgenden Reporter zu: „Gut, daß wir den Jeep verlassen haben und zu Fuß hineingehen. Sonst würde ich ja diese Kirche in ein – wie die Amerikaner sagen – *Drive in* verwandeln."

MANIEREN

In der Pariser Gesellschaft hatte eine Begebenheit zwischen Nuntius Roncalli und dem Oberbürgermeister von Paris, Pierre de Gaulle, einem Bruder des Staatspräsidenten, die Runde gemacht. Der MRP, so hatte sich der französische Klerus vor einem Wahlgang vernehmen lassen, sei „die katholische Partei Frankreichs". Die hohe Geistlichkeit hatte dabei übersehen, daß auch de Gaulles Partei für sich das Attribut „katholisch" beanspruchte. Der Oberbürgermeister aber war zu jener Zeit nicht gut auf Rom zu sprechen. Der Nuntius bekam es zu spüren, als er zur Zweitausendjahrfeier der Stadt Paris erschien. Die Anwesenheit des Nuntius beweise, daß die Kirche ihre Ansicht revidiert habe und auch die gaullistische Partei als katholisch ansehe. Nuntius Roncalli ließ sich nichts anmerken und schwieg. Bei der gleichen Feierlichkeit wurde später auch eine Ausstellung von alten Schriften und Büchern eröffnet. Lange blieb Nuntius Roncalli vor einem Regal stehen, so lange, bis der Oberbürgermeister zu ihm trat. Pierre de Gaulle meinte seinen Triumph auskosten zu können, als Roncalli plötzlich das Buch ergriff, das schon lange seine Aufmerksamkeit gefesselt hatte und es lächelnd dem Stadtoberhaupt reichte. Es war ein Buch von Gasparino da Barsizza, einem italienischen Humanisten aus dem 15. Jahrhundert, das in Paris gedruckt worden war. „Da“, sagte Exzellenz Roncalli, „nehmen Sie es. Dieses Buch wurde von einem Bergamasker geschrieben, einem Landsmann von mir. Es handelt von gepflegten Manieren. Lesen Sie es doch mal.“

SCHLAGFERTIG

Bei einem Empfang im Pariser Élysée-Palast wollte es der Zufall, daß Nuntius Roncalli links vom sowjetrussischen Botschafter zu stehen kam. Während der Staatspräsident die versammelten Diplomaten begrüßte, raunte der russische Botschafter dem Nuntius mit unverhohlener Schadenfreude zu: „Wie denn, auch der Vatikan steht jetzt links?“ Schnell, mit gespitzten Lippen und in einem breiten Lächeln endend, antwortete der Nuntius: „Ja, mich hat man hier links eingeteilt, damit ich euch alle nach rechts – zum rechten Wege – hinüberziehe!“

DIPLOMATIE

Schier unmöglich war es zuweilen für Angehörige des Diplomatischen Korps in Paris, Nuntius Roncalli eine Stellungnahme abzuringen. Sprichwörtlich war sein diplomatisches Gespür. Immer auf der Hut vor Fangfragen seiner Kollegen gab er oft sibyllinische Antworten. Im Élysée-Palast weilte Nuntius Roncalli wie so oft wieder einmal unter den Ehrengästen bei einem Staatsempfang. Die prächtigen Fenster waren an dem lauen Sommerabend weit geöffnet. Nach dem offiziellen Begrüßungsteil zog es einige Gäste zum Mittelbalkon, von dem aus man einen recht hübschen Blick auf Paris vor sich hat. Die Lichterstadt löste geradezu Bewunderungsexplosionen unter den Gästen aus. Der Nuntius wurde plötzlich von einem distinguierten Herrn auf italienisch gefragt: „Bello, meraviglioso, è vero, Eccellenza?“ (Ist es nicht herrlich, wunderbar, Exzellenz?) Die Exzellenz, innerlich ganz auf Abwehr eingestellt, erwiderte: „Es gibt Leute, denen dieses Panorama sehr gefällt."

RESPEKT

Dem Oberrabbiner von Paris erwies Nuntius Roncalli einmal seine Reverenz, die zugleich würdigender Respekt war. Bei einem diplomatischen Empfang, an dem auch die Spitzen der in Paris ansässigen Vertreter verschiedenster Glaubensgemeinschaften teilnahmen, lernten sie einander kennen. In dem langen Gespräch zwischen den beiden Würdenträgern glühten wechselseitig viele menschliche Sympathiefunken auf. Als schließlich zu Tisch gebeten wurde, standen sie – immer noch angeregt miteinander redend – plötzlich Seite an Seite vor der Durchgangstür zum Speisesaal. Nuntius Roncalli ließ aber nicht lange das übliche Nach-Ihnen-nein-nach-Ihnen-Komplimentieren zu. Sanft bugsierte er den Oberrabbiner vor sich durch die Flügeltür und sagte dabei: „Das Alte vor dem Neuen Testament!"

SELBSTBINDER

Nuntius Roncalli hatte ein paar italienische Freunde und mehrere französische Geistliche zu einem Abendessen eingeladen, das er zu Ehren seiner drei Brüder in der Pariser Nuntiatur gab. Die Brüder – noch nie im Ausland gewesen – wollten unter gar keinen Umständen in dem luxuriösen Hotel absteigen, in dem ihnen Bruder Angelo drei Zimmer hatte reservieren lassen. Verwirrt ob der ungewohnten Pracht, zogen sie wieder aus und ließen sich im oberen Stockwerk der Nuntiatur zwar spartanischer, aber beschützt und behütet vom welterfahrenen Bruder unterbringen. Für ihren Ehrenabend hatten sie sich neue Anzüge vom Dorfschneider in Sotto il Monte machen lassen. Die Rechnung bezahlte ebenso wie die Reise nach Paris der Bruder in Paris.

Die Apéritif-Zeit war schon zweimal überschritten,

aber immer noch nicht konnte Nuntius Roncalli zu Tisch bitten lassen: seine Brüder fehlten. Er ließ sie nochmals rufen, aber sie kamen nicht. Mit einer Sorgenfalte auf der Stirn lief schließlich der Herr des Hauses die Treppen hinauf, um in den Gästezimmern persönlich den Grund der Verspätung zu erforschen. Was er sah, zwang ihn zum Lachen. In einem der drei Zimmer standen alle drei Brüder vor dem Spiegel und versuchten unbeholfen, sich die Krawatte zu binden. Sie quälten sich fast schon eine Stunde, immer vergeblich, der Knoten fiel auseinander. „Was ist bloß los mit euch? Warum kommt ihr denn nicht herunter?" fragte Angelo Roncalli sie.

„Hier, schau, Angelo, unser Leben lang haben unsere Frauen immer die Krawatte für uns gebunden. Wir können es nicht. Wenigstens eine unserer Frauen hätten wir mitnehmen sollen." Lachend griff sich der Nuntius den Schlips des ihm am nächsten stehenden Bruders und band ihn zu einem ordentlichen eleganten Knoten. Bei den anderen beiden vollzog er ebenso schnell das Wunder.

Strahlend gingen alle vier Roncalli-Brüder die Treppe hinunter. Von den Gästen liebenswürdig begrüßt, suchten die drei Weinbauern umständlich zu erklären, warum sie sich verspätet haben. Ihr Nuntius-Bruder unterbrach den unbeholfenen Entschuldigungsversuch, indem er ausrief: „Jetzt aber nicht schwindeln, ihr Brüder, gebt es nur ruhig zu, ohne eure Frauen seid ihr nicht lebensfähig." Und zu den Gästen: „Ich mußte soeben bei allen drei Brüdern Ehefrau spielen ..."

DOKUMENTATION

In den ersten Monaten nach der Befreiung Frankreichs durch de Gaulle und die allierten Truppen wurde Nuntius Roncalli von der französischen Regierung ersucht, beim Vatikan dafür zu sorgen, daß 33 Erzbischöfe und Bischöfe abberufen werden, weil sie angeblich mit den Deutschen zusammengearbeitet hatten. Die Kommunisten gar forderten den Kopf von 87 Würdenträgern. Roncallis Gerechtigkeitssinn aber ist es zu danken, daß authentisches Material zusammengetragen werden mußte und als Ergebnis nach zehnmonatiger gründlicher Prüfung nur drei Bischöfe um ihre Amtsenthebung einkommen mußten. Nuntius Roncalli war hartnäckig genug gewesen, dem bloßen Gerede keinen Glauben zu schenken. Schließlich wollte man ihn überzeugen, indem man ihm einen Riesenpacken Zeitungen auf den Tisch legte, in denen es vor Schauderberichten über die Untaten der „priesterlichen Kollaborateure" nur so wimmelte. Mit einer einzigen Handbewegung hieß er den hohen Stoß, ohne ihn auch nur eines zweiten Blickes zu würdigen, davontragen und sagte den französischen Anklägern: „Das sind doch nur Zeitungsausschnitte. Bitte bringen sie mir echte Dokumente."

ABREISE

Welchen Grad die Hochachtung erreichte, die sich Exzellenz Roncalli als päpstlicher Nuntius in Paris durch Ideenreichtum, diplomatische Gewandtheit, Elastizität, feinsinnigen Humor und warmherzige, menschliche Güte erworben hatte, zeigte sich bei seiner Verabschiedung. Staatspräsident Vincent Auriol, der ihm zuvor noch das rote Kardinalsbirett aufgesetzt hatte, mußte sich die Tränen mit dem Taschentuch abwischen, als der eben zum Kardinal ernannte Nuntius Roncalli schon wieder zum Abschiedsbesuch erschien.

Der Vertreter des Heiligen Stuhls nahm mit schlichten Worten Abschied von Frankreich: „Es wird mir eine Freude sein, wenn alle Franzosen meine Abreise als die eines friedfertigen Priesters und als eines herzlichen Freundes in Erinnerung behalten." Im übrigen, so fuhr Kardinal Roncalli fort, sei es wohl richtiger, nicht „Adieu", sondern „Au revoir" zu sagen, „denn einmal wird mich der liebe Gott doch noch mal *zu sich nach Frankreich* kommen lassen..."

FENSTER

Bei seinem Einzug in Venedig als neuer Patriarch der Lagunenstadt am 16. März 1953 wurde Kardinal Roncalli mit einer einzigen Ausnahme überall von den Einwohnern herzlich begrüßt. Als der Zug nämlich am Rathaus vorbeikam, mußte er zu seiner Überraschung feststellen, daß die Fenster des Amtsgebäudes im Gegensatz zu den Fenstern der Bürgersleute ganz ostentativ und feindselig geschlossen blieben. Kardinal Roncalli, der die Venezianer und ihre Stadt von vielen früheren Besuchen her gut kannte und schätzen gelernt hatte, wunderte sich und heischte nach Aufklärung. Verschämt mußte ein Würdenträger des Patriarchats bekennen, daß der Stadtrat von Kommunisten beherrscht sei, die den Einzug des Kardinals erklärtermaßen ignorierten. Unverdrossen darauf Roncalli: „Wir werden dafür sorgen, daß sich diese Fenster wieder öffnen."

BIEGEN, NICHT BRECHEN

Über die Ernennung von Kardinal Roncalli zum Patriarchen von Venedig herrschte in der Lagunenstadt große Freude und Genugtuung. Dem neuen Patriarchen ging der Ruf voraus, mit milder Hand zu regieren; daß er sehr taktvoll sei, barmherzig, gütig und vor allem den Armen zugetan.

Die Venezianer hatten vorher zwei ziemlich herrische Patriarchen gehabt. Wenig ergriffen, klagte der Klerus der „Serenissima" auch in der Trauerzeit für den eben verstorbenen Patriarchen Agostini über dessen strenges Regiment. Er und sein Vorgänger, Kardinal Piazza, wollten besonders den am Lido von Venedig mit den Filmfestspielen eingerissenen lockeren Sitten den Garaus machen. Sie gaben teilweise dem unteren Klerus die Schuld an dem Sittenverfall. Der fühlte sich zu Unrecht beschuldigt und war deshalb besonders glücklich, in dem neuen Patriarchen einen verstehenden, fortschrittlichen Oberhirten zu bekommen. „Post nubila phoebus“ war sein lautgedachter Wunsch. (Soviel wie: auf Wolken folgt Sonnenschein.)

Kardinal Piazza riefen die Geistlichen bei seiner Berufung zum römischen Kurienkardinal hinterher: „Endlich geht der weg!“ Piazza, dem die Freude über seinen Fortgang hinterbracht wurde, warnte den venezianischen Klerus: „Ihr werdet mir noch nachweinen. Mein Nachfolger wird unerbittlich sein und ein eisernes Regiment führen.“ Das machte Kardinal Agostini in der Tat.

Patriarch Roncalli aber enttäuschte die Venezianer nicht. Er rief ihnen sogleich bei der Ankunft sein Motto zu: „Biegen, nicht brechen!“

GESCHENKE

Patriarch Roncalli hat die Lagunen von Venedig häufig befahren. Ebensooft durchwanderte er die engen Gassen, um im ständigen Kontakt mit den Gläubigen zu sein. Wie ein einfacher Priester ging er gekleidet, ohne die äußeren Merkmale seiner hohen Würde. Gern unterhielt er sich mit den Menschen, und es war ihm durchaus recht, von Bekannten und Unbekannten angesprochen zu werden. Bevorzugte Gesprächspartner waren die Gondolieri. Zu ihnen setzte er sich, wenn sie in Gruppen irgendwo herumhockten und auf Kundschaft warteten. Für die Sprache des Volkes hatte sich dieser Kirchenmann ein gutes Gehör bewahrt. Es blieb nicht aus, daß dem Patriarchen bei seinen Spaziergängen auch Geistliche begegneten. War darunter gar einmal ein Unrasierter, so pflegte Roncalli ganz genau die Anschrift seines Untergebenen zu erfragen und schickte ihm anderntags mit einem freundlichen Gruß auf der Visitenkarte einen ... Rasierapparat. Einen anderen jungen Priester hielt er an, weil dessen Kragen – milde gesagt – dunkelweiß war. „Lieber Herr Kaplan“, sagte lächelnd der Patriarch, „ich habe ein ganzes Dutzend schneeweißer Kragen, die mir zu eng geworden sind. Wenn Sie erlauben, schenke ich sie Ihnen.“

ENTFÜHRUNG

Eine amüsante Episode erzählt Corrado Pallenberg über die großzügige Gastlichkeit Angelo Roncallis, in der zugleich eine außerordentliche Ehrung des Primas von Polen, Kardinal Stefan Wyszyński, erkennbar ist. Es war in Venedig. Viele hohe Besucher aus Frankreich, darunter Präsident Vincent Auriol und Kardinal Feltin, hatten dem ehemaligen Nuntius für Frankreich schon Besuche abgestattet, und jedesmal ließ Roncalli auf dem Markusplatz zu ihren Ehren die Marseillaise, die Hymne der Französischen Revolution, vom städtischen Orchester spielen.

Patriarch Roncalli ließ es sich nicht nehmen, den Primas von Polen auf dem Bahnhof von Mestre zu begrüßen, als dieser zum ersten Mal wieder nach Rom reisen konnte. Der Zug hatte eine Dreiviertelstunde Aufenthalt, was Roncalli veranlaßte, den sorgengeprüften polnischen Kardinal zu einer Bootsfahrt einzuladen. Wyszyński war vom Canal Grande begeistert. Er merkte auch gar nicht, wie die Zeit verging. Plötzlich schaute er auf die Uhr und erbleichte. „Meine Güte", rief er aus, „mein Zug – der Zug ist weg!" Patriarchalisch beruhigte Patriarch Roncalli den Primas, und dieser wähnte einen Kobold in seinen Augen tanzen zu sehen. „Machen Sie sich keine Sorgen! Schauen Sie dort – der Mann, der da hinten im Motorboot sitzt, das ist der Stationsvorsteher von Mestre. Ich habe ihn für diese Fahrt entführt. Solange er hier bei uns sitzt, kann der Zug nicht abfahren."

PARTEITAG

Papst Johannes XXIII. bot schon als Patriarch Roncalli in Venedig den Kommunisten keine Angriffsflächen. Die üblichen antiklerikalen Beschimpfungen waren einer respektvollen Betrachtungsweise gewichen. Im kommunistischen Lager war man verwirrt. Roncalli verdreifachte die Zahl der Pfarreien und sorgte unmerklich dafür, daß innerhalb kurzer Zeit die Messen wieder voll besucht waren. Filmfestspiele? Kommunisten? Nur nicht davon sprechen, so behalten beide ihr geringes spezifisches Gewicht, und der sonntägliche Kirchgang kommt wieder zu seinen alten Ehren, meinte der Patriarch.

Noch heute wissen die Kommunisten nicht, ob sie diesem römischen Pontifex gram sein oder danken sollen, für den der Begriff „Haß" nicht zu existieren schien. Sie haben manche seiner Initiativen ausgenutzt, werden ihn aber natürlich niemals als einen der ihren betrachten können. Was damals, als Roncalli noch Patriarch in Venedig war, über ihn in der römischen prokommunistischen Abendzeitung „Paese Sera" stand, gilt noch heute und immer: „Kardinal Roncalli übt seine Souveränität maßvoll und mit Takt aus, was zwar nicht ausschließt, daß er ein absoluter Monarch in seinem Patriarchat ist, aber er ist zweifellos ein aufgeschlossener und toleranter Monarch."

Im Lager der westlichen Freiheit hatte man, wahrscheinlich weil man selbst darüber verblüfft war, wenn auch mit einem anderen Leitmotiv, untätig zugesehen, das von Johannes XXIII. geschaffene Vakuum bei den Antichristen nicht zu füllen gewußt. Anstatt die für den Freiheitsgedanken positiven Auswirkungen zu erkennen oder wenigstens zu berechnen, zürnte man indes dem Papst für angebliche Avancen gegenüber dem Kommunismus. In Wahrheit hat er aber zur Demokratisierung der Linkssozialisten beigetragen, die bis 1957 noch starke Bindungen zu den Kommunisten hatten und einst sogar mit ihnen eine Volksfront bildeten. Ausgelöst wurde die immer eindeutigere Trennung zwischen Linkssozialisten und Kommunisten in Italien zweifellos durch die Niederschlagung des antirussischen Volksaufstandes in Ungarn mit den Panzern der Roten Armee. Aber der „aristokratische Bauer" auf dem Stuhl Petri konnte schneller als die westlichen Staatsmänner die Gedanken der linkssozialistischen Arbeiterschaft lesen. Unpolitische und in jeder Hinsicht satte Italiener empfanden den Patriarchenaufruf an die Sozialisten als eine gefährliche Sensation. Für die gemäßigten, unentschlossenen und noch nicht berufsmäßig radikalisierten Arbeiter war der Aufruf hingegen die natürlichste Sache der Welt.

Wörtlich hieß es in den Maueranschlägen, die Patriarch Roncalli im Februar 1957 aus Anlaß des 32. Parteitages der (Links)-Sozialistischen Partei Italiens (PSI) in ganz Venedig hatte anbringen lassen: „Ich begrüße die außergewöhnliche Bedeutung dieses Ereignisses, das von so großer Wichtigkeit für die nächste Zukunft unseres Landes ist. Ich möchte gern glauben, daß es von dem Willen getragen ist, zu gegenseitigem Verstehen in dem beizutragen, was bei der Besserung der Lebensbedingungen und des sozialen Wohlstands das Entscheidende ist." Kardinal Roncalli forderte sodann die Gläubigen und Einwohner Venedigs auf, „das Zusammentreffen von so vielen Brüdern aus ganz Italien", die „gemeinsam die Ideale der Wahrheit, des Wohlergehens, der Gerechtigkeit und des Friedens verwirklichen wollen, möglichst fruchtbar zu gestalten". Auf Befragen einiger journalistischer Besucher sagte Patriarch Roncalli während des PSI-Kongresses: „Machen sie sich über meine Initiative keine Sorgen. Die Angesprochenen kommen eines Tages auch wieder in die Kirche."

ERSTE REAKTION

Für diejenigen, die den Charakter Papst Johannes' XXIII. etwas besser kennenlernten, dürfte seine erste Reaktion interessant sein, die er zeigte, als ihn in Paris die Nachricht erreichte, Pius XII. habe ihn zum Kardinal ernannt.

„Ach, du meine Güte", rief der Nuntius aus, „und wie gern wäre ich nach diesem schweren diplomatischen Amt irgendwo Pfarrer geworden oder vielleicht Bischof in einer Diözese meiner engeren Heimat Bergamo. Jetzt – was geschieht jetzt mit mir?"

Nuntius Roncalli ahnte freilich zu diesem Zeitpunkt noch nicht, daß Pius ihn als neuen Patriarchen für Venedig auserkoren hatte, was er niemals zu hoffen gewagt hatte, sondern er sah sich wohl bereits als Kurienkardinal, als Chef einer vatikanischen Behörde: „Schlimm, schlimm wird es mit mir enden. Ich werde im Aktenstaub ersticken und im Büroschlamm versinken ..."

GESETZESLÜCKE

Auf welche feinsinnige Weise auch papstwürdige Kardinäle das italienische Wort von der auszunützenden Gesetzeslücke anwenden können, soll Patriarch Roncalli in der Sedisvakanz zwischen dem Tode Pius' XII. und seiner eigenen Wahl zum römischen Pontifex demonstriert haben. Der Italiener sagt sprichtwörtlich: „Fatta la legge, trovato l'inganno!" (Sinngemäß: „Kaum ist ein Gesetz gültig geworden, ist es auch schon durchlöchert, die Art und Weise gefunden, wie man es durchlöchern kann.") Nach kanonischem Recht sind alle Absprachen, die innerhalb des Kardinalskollegiums vor einer Papstwahl getroffen werden, null und nichtig. Der Gewählte ist in keinem Falle gehalten, etwaigen Bedingungen nachzukommen, die einzelne Kardinäle oder gar ganze Gruppen stellen könnten, bevor sie ihm ihre Stimme geben; auch dann nicht, wenn es sich um den entscheidenden Stimmenanteil handelt.

Eine Gruppe italienischer Kardinäle suchte angeblich vor dem Konklave, aus dem Angelo Roncalli als Papst hervorging, von diesem zu erfahren, ob er, falls er Papst würde, den Erzbischof von Mailand, Giovanni Battista Montini, zum Staatssekretär ernennen würde.

Zu ihrem Abgesandten nach Venedig hatten die konservativen Kardinäle einen jüngeren, äußerst geschickten und klugen, nichtitalienischen Vatikanbeamten, der früher einmal dem Nuntius Roncalli zeitweilig als dessen Nuntiatursekretär gedient hatte, gewählt. Getreu seiner Überlegung, daß Fragen niemals indiskret sein können, sondern höchstens die Antworten, wich der Patriarch der entscheidenden Frage mit einer langen Gegenfrage aus:

„Ich finde es äußerst ehrenvoll, daß die Eminenzen

glauben, ich könnte Papst werden. Aber daran ist überhaupt nicht zu denken. Niemals werde ich den Stuhl Petri einnehmen, weil ich gar nicht dafür geeignet bin. Sagen Sie das den Eminenzen. Wie kommen die römischen Kardinäle bloß auf eine solche Idee? Aber angenommen, es würde nach Gottes unerforschlichem Ratschluß dazu kommen, so hätte ich doch erst zu *dem* Zeitpunkt die Sorge, darüber nachzudenken, wer Staatssekretär sein soll. Wer sagt denn den Eminenzen, daß *ich* an Montini als Kardinalstaatssekretär denke?"

BACKOFEN

Die Provinz Bergamo, in der Johannes XXIII. geboren wurde, wird in kirchlichen Kreisen und auch bei den Laien gern als „Backofen der Geistlichkeit" bezeichnet, weil aus ihr von allen italienischen Provinzen der zahlreichste Priesternachwuchs kommt. Aus diesem „Backofen" gar nach Rom geschickt zu werden, um die theologischen Studien „im Schatten des Vatikans" abzuschließen, gilt bei den Bergamaskern als eine hohe Auszeichnung.

Die drei jüngeren Brüder von Papst Johannes – Saverio, Alfredo und Giuseppe – wurden schon gleich nach der Wahl Angelos zum Papst die Touristenattraktion von Sotto il Monte. In der ersten Zeit waren mehrere hundert Journalisten die neugierigsten Besucher, bis es den Roncalli-Familien zu bunt wurde. Besonders ein journalistisches „Schlenkerchen" erboste den Roncallistamm und solidarisch mit ihm alle Einwohner von Sotto il Monte. Die drei Brüder wurden von einigen italienischen Besuchern gebeten, ihnen den Weinkeller zu zeigen. Bereitwilligst ließen sie sich sodann inmitten von Küfergeräten, Fässern und Flaschen fotografieren. Zu ihrem Schrecken erfuhren sie jetzt erst, daß sie Pressefotografen aufgesessen waren, die das Bild als einen besonderen exklusiven Schnappschuß vom Alltag der Familie des Papstes teuer an die Weltpresse verkauften und so nicht nur die Brüder, sondern die ganze Roncallisippe gnadenlos in ein schiefes Licht rückten.

Am Tage der Papstwahl aber herrschte noch ein freundlicher Ton gegenüber den Presseleuten. Der erste, der ihm die Nachricht von der Wahl seines Bruders Angelo auf den Stuhl Petri überbrachte, hörte von dem in Ehren ergrauten Weinbauern Alfredo Roncalli diese gelassene Antwort: „Das mußte ja früher oder später so kommen bei all den Priestern, die in dieser Gegend gebacken werden."

DER HUT

Bei einem ermüdenden Empfang in seiner damaligen Diözesanmetropole Venedig behielt Patriarch Roncalli seinen Hut in der Hand. Unter den vielen Cocktailgesichtern fand er keines, das ihn zu einem Gespräch hätte reizen können. Geduldig aber wartete er seine fünfzehn Minuten, die ein vornehmer *acte de présence* erfordert, bevor er sich von dem Gastgeber verabschieden konnte. Plötzlich näherte sich einer der Organisatoren des Festes, um ihm doch noch den Hut abzunehmen. Er wollte ihn selbst zur Garderobe bringen. „Nein, nein, lassen sie nur", sträubte sich der Patriarch, „Sie wissen ja gar nicht, wie nützlich es bei manchen Gelegenheiten ist, einen Hut in der Hand zu haben."

RUIN

„Ich stamme aus einer armen Familie..." Diese Gesprächseröffnung gebrauchte Johannes besonders häufig, am liebsten jedoch, wenn jemand mit seiner hohen Herkunft oder seinem Vermögen versteckt oder offen zu prahlen versuchte. Eingedenk der kirchlichen Tradition, bei der Heranbildung der Priester nicht darauf zu achten, ob ein Seminarist aus fürstlichem Hause kommt, ob er arme oder reiche Eltern hat, unterstrich Papst Roncalli damit auch immer wieder die Gleichheit aller vor Gott. Beim

Betonen der Tatsache, daß seine Eltern nur kleine Winzer waren, schwang nie Bitterkeit in seinen Worten mit.

Ein Politiker klagte dem Papst bei einer Privataudienz, die verlorene Wahl seiner Partei sei für ihn der Ruin. „Nein, nein", ermunterte der Papst den Politiker, „lassen Sie sich vom Erfolg Ihrer Widersacher nicht entmutigen. In der Politik geht es immer auf und ab. Es gibt nur drei Arten, sich zu ruinieren: die Frauen, das Spiel und ... die Landwirtschaft. Mein Vater hat sich von den drei Arten übrigens die langweiligste ausgesucht."

PAPA UND MAMMA

Angelo Roncalli war nach seiner Papstwahl in der Sixtinischen Kapelle so ergriffen, daß er lange mit geschlossenen Augen dasaß, bevor er bereit war, die ersten Huldigungen der Kardinäle entgegenzunehmen. Fast ruckartig hatten alle anderen Kardinäle ihre Baldachine über ihren Sitzen durch einen mit der Hand zu betätigenden Mechanismus fallen lassen. Nur der Baldachin blieb stehen, der über Roncallis Sitz angebracht war. Das ist, genaugenommen, das allererste äußere Zeichen der Würde des Neugewählten.

Andächtig schwiegen die anwesenden fünfzig Kardinäle und warteten, bis sich ihr neuer Papst gefaßt hatte. Unendlich lang erschien es ihnen, bevor die folgenden Zeremonien beginnen konnten: Annahme der Papstwahl, Namenswahl und die mündliche Begründung dafür, Kalottenwechsel ... In Wirklichkeit verstrichen aber nur einige Minuten.

Nachdem sich die Konklavetüren geöffnet hatten und die gesamte päpstliche Familie zur Gratulationskur vorgelassen worden war, vertraute Johannes einem Freunde an: „Die lange Pause nach meiner Wahl? Ich war so überwältigt und innerlich so bewegt: ich mußte an zu Hause denken. Meine Gedanken weilten in Sotto il Monte, bei Papa und Mamma ... Und als mir dann zum ersten Mal die weiße Papstsoutane angezogen wurde, dachte ich an den Augenblick zurück, in dem mich Mutter zum ersten Mal in den weißen Kommunionanzug steckte."

KARRIERE

Soldaten gewährte Johannes XXIII. gern Audienzen. Er war selbst, wie seine Vorgesetzten in den Personalakten schrieben, ein „tüchtiger Soldat". 1902 unterbrach Rekrut Roncalli seine theologischen Studien in Rom und rückte als Einjährigfreiwilliger zum 73. Infanterieregiment in Bergamo ein. Bei der Entlassung schmückten ihn die Unteroffizierstressen. 1915 wurde er dann als einberufener Priester zur Sanitätstruppe abkommandiert. Der ersten Tätigkeit im Reservelazarett Sant'Ambrogio in Mailand folgte der schwerere Dienst in den Kriegslazaretten von Bergamo, in Feldlazaretten und auf Hauptverbandsplätzen. Aus dem Sanitätsoffizier war inzwischen der Feldkaplan Roncalli geworden.

In einer Sonderaudienz hörte Johannes flüchtig beim Verlesen der Teilnehmerliste durch einen Kammerherrn auch den Namen eines Generals. Der Name ließ den Papst ruckartig an die eigene Militärzeit denken. Unbedingt begehrte er diesen General zu sprechen. Er ließ ihn also in die Privatbibliothek bitten. Große Überraschung reihum. Am meisten überrascht aber war der General. Ehrfurchtsvoll kniete der ergraute Krieger vor dem Papst nieder, um den Ring zu küssen. Doch die Generalshände griffen ins Leere, die Generalsaugen suchten vergeblich die Hand mit dem Fischerring. Erstaunt, unsicher und nur zögernd hob der General den Blick. Er traute seinen Augen nicht: Johannes XXIII., der römische Pontifex maximus, die rechte Hand vorschriftsmäßig angewinkelt, zum militärischen Gruß erhoben, stand vor ihm stramm, so stramm wie der Sanitätsgefreite von einst. Völlig unmilitärisch brach der Papst nun in ein lautes Lachen aus. Schließlich fragte er den verdutzten Offizier: „Erinnern Sie sich nicht mehr an den Sanitätssoldaten Roncalli? An unsere Begegnung im Feldlazarett von Bainzizza? Na, jedenfalls freue ich mich, daß Sie Karriere gemacht haben. Ich habe aber auch Karriere gemacht! Wie Sie sehen, bin ich jetzt Chef der katholischen Kirche!"

IM BAU

Seinen milden Gesichtsausdruck suchte Sanitätsfeldwebel Angelo Roncalli während des Ersten Weltkrieges grimmiger zu gestalten, indem er sich einen mächtigen Schnurrbart wachsen ließ. Die Soldaten aber wußten, daß ihr Feldwebel zu keiner Schikane fähig war. Sie gaben ihm ohnehin wenig Anlaß, seine, wie im italienischen Heer üblich, großen Vollmachten anzuwenden. Einmal mußte er in Bergamo einen widerborstigen Soldaten seiner Einheit einsperren. Er tat es blutenden Herzens.

Während am nächsten Tage alle Soldaten Stadturlaub hatten, saß jener „im Bau". „Nanu", verwunderte sich Feldwebel Roncalli, „noch immer im Bau? Warum gehst du denn nicht mit den Kameraden aus?" „Aber *Sergente*", tönte es zurück, „Sie haben mir doch drei Tage ‚Dicken' aufgebrummt."

„Stimmt", gab Roncalli zurück, „aber ich hab' das nur für die Nächte gemeint. Tagsüber kannst du ruhig raus!"

BERSAGLIERI

In Wahlkampfzeiten kennen die Italiener nicht mehr die eigentliche, sondern nur noch die uneigentliche Nationalhymne: ihren Bersaglieri-Marsch.

Bersaglieri, die berühmten Scharfschützen, stellen einen Teil der italienischen Infanterie dar. Ihr gehören an: die Infanterie-Regimenter, die Grenadiere, die Alpini und, wie gesagt, die glorreichen Bersaglieri. Die Bersaglieri sind eine Elitetruppe. Das Physisch-Markanteste an ihnen ist, daß sie zum äußeren Zeichen ihres unaufhaltsamen und tapferen Draufgängertums im Laufschritt exerzieren, paradieren und ... angreifen.

Die Truppe wurde nach Art der französischen Jäger zu Fuß im Jahre 1836 von General della Marmora im sardischen Heer organisiert. Der breitkrempige gelackte Filzhut mit seinem kecken Hahnenfederbusch ist ihr markantester Uniformteil. Abgesehen von ihren Heldentaten in allen Kriegen, haben die Bersaglieri vor allem durch die kampflose Einnahme Roms am 20. September 1870 einen besonderen Ruhm vor allen Truppenteilen an ihre Fahnen geheftet. An diesem Tage ging der Kirchenstaat zu Ende, um nie wieder zu erstehen. Denn der Staat der Vatikanstadt *(Stato della Città del Vaticano)* ist keine Fortsetzung des alten Kirchenstaates. An diesem 20. September 1870 stürmten die Bersaglieri durch die von ihnen bei der Porta Pia in die Stadtmauer geschlagene Bresche in die Ewige Stadt und machten sie zur Residenz der italienischen Könige und zur Hauptstadt Italiens. Ein mächtiges Denkmal mitten auf der Piazza vor der Porta Pia erinnert an diesen großen Tag, und die Straße von der Porta Pia geradeaus bis hinunter zum Palazzo Quirinale, einst Sitz der Päpste, dann königliche Residenz und heute der repräsentative Wohnsitz des republikanischen Staatspräsidenten Italiens, heißt „Straße des 20. September" – Via del XX Settembre.

Ein englischer Journalist erklärte einmal, nachdem er die Inschrift am Bersaglieri-Denkmal bei der Porta Pia gelesen hatte, alle Probleme Italiens wären gelöst, würden die Regierungen immer nur aus Bersaglieri gebildet. In Marmor gehauen heißt es da nämlich: *„Al Bersagliere non resiste nulla!"* (Dem Bersagliere widersteht nichts!) In der Tat, die mitreißende Melodie, der feurige Rhythmus des Bersaglieri-Marsches lassen die Herzen der Italiener höher schlagen.

Jede Partei spielt ihn. Die Verzückung bei den Zuhörern ist vollkommen. Dem Wehrpflichtigen sieht man es an: er möchte gern zu den Bersaglieri eingezogen werden; der Alte strahlt, er hätte gern bei dieser Waffengattung gedient. Der Bersagliere selbst aber wächst über sich hinaus wie der Durchschnitts-Italiener nach einem Partisanenfilm. Die Deutschen haben dem nichts Gleichwertiges entgegenzusetzen.

Jeder, der „italianissimo" empfindet, hört die Melodie wie eine zweite Nationalhymne. Ausländer finden sie begeisternd-aufreizend, besonders wenn sie die Bersaglieri einmal dazu paradieren gesehen haben.

Papst Johannes XXIII. hörte den Marsch zuletzt auf eigenen Wunsch beim Nationaltreffen der Bersaglieri-Reservisten und Veteranen am 24. März 1963 direkt auf dem Petersplatz, unter den Fenstern seiner Privatgemächer. Rund 30 000 Reservisten und Veteranen feierten am Morgen ihr Wiedersehen lautstark am Kolosseum, dann in besinnlicherer Form bei der Kranzniederlegung am Grabmal des Unbekannten Soldaten auf der Piazza Venezia. Von hier aus ging es dann im Laufschritt (!) zum Petersplatz. Mehrere Bersaglieri-Musikkorps empfingen dort schon die „schwarzen Federn". Der Volksmund nennt die Bersaglieri wegen ihres schwarzen Federbusches auch liebevoll „le penne nere". Die Hahnenfedern am Helm sollen die Beweglichkeit, Schnelligkeit und auch die Schlankheit der Träger symbolisieren.

Der Papst hatte sich gewünscht, alle Musikkorps zusammen sollten „la marcia", den Marsch der Bersaglieri, spielen. Mit unheimlicher Präzision schmetterten die Bersaglieri-Musiker wohl dreimal hintereinander ihre Hymne über den Platz zu den Fenstern des Papstes hinauf. Mit der Menge harrte er aber nun doch auf das Ende. Die Musikkorpsführer – selbst völlig entrückt – wollten das Spektakel indessen nicht abreißen. Bei den letzten Takten der vierten Wiederholung hatte der Papst die alles übertönende Lautsprecheranlage einschalten lassen und dazwischengerufen. Das kann sich bei diesem Marsch wahrhaftig nur der Heilige Vater erlauben.

Das Spiel war schließlich doch endlich verklungen. Der Papst ließ sich vernehmen: „Ist ja großartig, euer Marsch, ich weiß es auch; aber jetzt wollen wir gemeinsam beten."

Es folgte der „Engel des Herrn", das Dankgebet für die

Menschwerdung Christi. Der Papst sagte weiter: „Vor 62 Jahren war auch ich ein Wehrpflichtiger. Bei der Musterung blickten die Sanitätsoffiziere auf meinen... schlanken Leib, auf die zum Schnellaufen geeigneten Füße und meinten, der gibt einen guten Bersaglieri ab ...“

Endlose Evviva-Rufe der Massen unterbrachen den Redefluß. Von einem improvisierten Sprechchor brandete es zum Papst empor: „Der Papst *ist* Bersagliere, evviva!“ Nachdem sich Johannes abermals Gehör verschafft hatte, dämpte er die Begeisterung, womöglich in den Kasernen dieser Waffengattung künftig als „einer der Unsrigen“ verehrt zu werden.

„Nein, nein – statt mich zu den Bersaglieri zu schicken, haben sie einen einfachen, aber ganz guten ‚Landser‘ aus mir gemacht.“

EINE SCHLAFLOSE NACHT

„Ihr habt gut lachen. Jetzt ist euer Haus völlig renoviert, und ihr könnt ruhig schlafen. Das war aber nicht immer so.“ Mit diesen Worten begann Papst Johannes XXIII. den Seminaristen im Sommerhaus der Kongregation für die Glaubensverbreitung, der berühmten „Propaganda Fide“, in Castelgandolfo ein Stück aus seiner Jugendzeit zu erzählen. Der Papst war von seiner nahe gelegenen eigenen Sommerresidenz in Castelgandolfo herübergekommen, um die Seminaristen zu besuchen.

Er habe sich, erzählte der Papst, eines Abends nach einem Ausflug in die Castelli Romani so verspätet, daß er nicht mehr nach Rom zurückfahren konnte. Er sei damals Sektionssekretär eben dieser Propaganda-Fide-Kongregation gewesen. Für ihn hätte es jetzt nur noch die Möglichkeit gegeben, im Sommerhaus in Castelgandolfo zu nächtigen. Es sei aber nur ein alter Pförtner dagewesen, der keine Schlüssel für die verschlossenen Schlafräume besaß. Licht hätten sie auch nicht machen können.

„Endlich, nach langem Suchen, hatte ich ein finsteres

Loch entdeckt, in dem ein Klappbett stand, doch ohne Decken. Noch immer herrschte eine empfindliche Kälte, so daß ich mich angekleidet hinlegte. Die ersten paar Minuten lang war es himmlisch ruhig. Langsam, dann immer schneller und lauter werdend, setzte ein unaufhörliches Hinundherflitzen ein. Zu müde, um gleich nachzuschauen, döste ich so die halbe Nacht schlaflos dahin, bis es mir zu bunt wurde. Ich erhob mich, riß die Tür auf und sah zu meinem Schrecken im morgendlichen Dämmerschein etwa ein halbes Dutzend Katzen mit quiekenden Mäusen im Maul davonrasen. Ich war nun ebenso angstlos wie machtlos. An Schlaf war nicht mehr zu denken, denn kaum hatte ich mich wieder niedergelegt, da ging das fröhliche Katz-und-Maus-Spiel von neuem los."

SPRINTER

Am 2. März 1963 empfing der Papst italienische Leichtathleten der Aschenbahn. Die Sportler weilten zu einem Jahrestreffen in Rom. Ruckartig fielen die sportgestählten Besucher beim Erscheinen des Papstes in die Knie und ebenso elegant und gazellenhaft hatten sie sich wieder erhoben. Ihre Offiziellen waren nicht ganz so schnell. Sogleich hatte Johannes XXIII. für seine Stegreifrede einen Anknüpfungspunkt:

„In meiner Jugend war ich auch ein Schnelläufer. Denkt nur – schon als Kind lief ich täglich acht Kilometer zur Schule und zurück. Vor sechzig Jahren, dann in Rom, war ich allen meinen Mitschülern bei den langen Fußwegen vom Zentrum der Stadt zum Viertel Monte Sacro und zu den Tre Fontane an Schnelligkeit überlegen. Zu der Zeit gab es noch kaum Pferdedroschken in Rom und im Zentrum nur eine einzige Pferdebahn. Als Rekrut wurde ich später außerdem zur Infanterie eingezogen. Heute bin ich jedoch gezwungen, immer zu fahren. Ich bin deswegen etwas aus der Übung und kann leider keinen von euch zu einem Wettlauf herausfordern."

Bibbernd harrten am 1. Januar 1963 mehrere Tausend Gläubige auf dem Petersplatz aus, um auch an diesem Tag den mittäglichen Segen des Papstes zu empfangen. Johannes XXIII. hatte die gute Sitte zur Tradition werden lassen, an Sonn- und Feiertagen mittags um zwölf Uhr vom Fenster seines Arbeitszimmers aus der auf dem Petersplatz versammelten Menge nach dem gemeinsamen Gebet des „Engel des Herrn" seinen Segen zu spenden. Gläubige aus der Provinz haben ja denn auch oft einen mühseligen Anmarsch hinter sich, um einmal auf dem Petersplatz vom römischen Pontifex gesegnet zu werden.

Ungewöhnliche Kältegrade herrschten im Winter 1963 in der Ewigen Stadt. Es war wochenlang so bitter kalt gewesen, daß die sonst so elegant angezogenen Römerinnen allen weiblichen Glanz daheim ließen und in klobigen Pelzstiefeln und dicken warmen Wollsachen umherliefen, den stolzen Blick nach unten geheftet, die Hände bis zu den Ellenbogen in Kaninchenmuffs vermummelt. Es war in der Tat so eisig, daß der beliebte „Espresso" dem nordischen Grog, dem Tee mit Rum weichen mußte.

Zähneklappernd und mit den Füßen stampfend, warteten indessen die Gläubigen auf den Papst. Johannes XXIII. mußte soviel tapfere Zuneigung belohnen, wenn auch ein Arzt geraten hatte, nicht direkt ans offene Fenster zu treten, zumal eine fürchterliche „Tramontana" den Petersplatz peitschte. Die Tramontana ist der von den Römern so sehr gefürchtete Nordwind, der vom Gebirge hinabfegt. Rauh und eisig durchschneidet er, von der Alpenkette, den ewigen Schneemassiven, über die Po-Ebene hinweg in das schutzlose Arnotal stürmend, die Bernini-Kolonnaden vor Sankt Peter. Wer kann, sitzt an solchen Tagen hinter dem warmen Ofen oder in einer der tausend Trattorien Roms, einen Glühwein vor sich.

Es mögen ungefähr 15000 frierende Gläubige gewesen sein, die unentwegt nach „Papa Giovanni!" riefen, bis der Papst tatsächlich kam. Zu seinem Schutz war ein Windfang aus Glas vor dem Fenster angebracht worden, der aber Brust und Gesicht des Papstes nicht überragte.

Nach dem Segen rief Johannes, der selbst ein wenig fröstelte, statt der üblichen Grußworte noch hastig ins Mikrofon: „Nun lauft aber, rennt nach Hause. Ist doch furchtbar kalt heute! Zieht euch warm an, wenn ihr nächsten Sonntag wiederkommt!"

WIEDERBEGINN

Kardinalstaatssekretär Domenico Tardini war seit geraumer Zeit krank gewesen. Um sich pflegen zu können, hatte er den Papst häufiger gebeten, ihn von seinem schweren und verantwortungsvollen Amt zu entlassen. Sein letztes Gesuch blieb lange ohne eine Antwort. Tardini benutzte deshalb bald eine Pressekonferenz als Druckmittel. Er kündigte öffentlich seinen bevorstehenden Rücktritt an. Flugs wurde er zum Papst gerufen. Der Papst eröffnete ihm, daß er „Geist, Verstand und Herz" Tardinis gerade jetzt sehr benötige. Er müsse im Amt bleiben. So kurz vor dem Ökumenischen Konzil, das er so entscheidend mitvorbereitet habe, könne er ihn nicht entbehren. Tardini blieb, bis ihn der Tod hinwegraffte.

Wer würde sein Nachfolger werden? Viele Namen wurden im Vatikan genannt. Manche nur spekulativ. Kardinal Testa? Nein, kommt nicht in Frage, er ist aus Bergamo, man würde dem Papst Vetternwirtschaft vorwerfen. Kardinal Spellman? Nein, der ist Amerikaner. Mit einem Mal tauchte ohne besondere sensationelle Vorzeichen der Name Amleto Cicognani auf, dessen Bruder ebenfalls Kardinal ist. Ein Hofbeamter glaubte dem Papst gegenüber einwenden zu müssen, daß Kardinal Amleto Cicognani zu alt sei. Er sei doch schon 78, ein zu weit vorgeschrittenes Alter in einer solch hohen Stellung. Der Papst sollte doch einen jüngeren Kardinal für diesen Posten aussuchen, dessen Energien noch nicht verbraucht sind.

„Was heißt hier ‚verbrauchte Energien', ‚zu hohes Alter'!" rief Johannes, selbst nur rund fünfzehn Monate älter als Amleto Cicognani, aus. „Cicognani ist doch viel jünger als ich. Als er geboren wurde, ging ich ja schon zur Schule ...!" Nach ein paar Schweigeminuten wieder der Papst: „Cicognani bringt die Erfahrungen aus den USA mit in den Apostolischen Palast. Er hat den Heiligen Stuhl immerhin 25 Jahre lang in Washington vertreten – ohne Unterbrechung sogar. Und in Amerika werden alte Leute verjüngt. Dort, nur dort gibt es ein Hospiz, über dessen Eingang steht: ‚Der Wiederbeginn des Lebens setzt mit achtzig ein.' Und wir sind noch nicht einmal achtzig. *Capito?*"

PANORAMA

Vom Kurs der linken Mitte, den der linkskatholische italienische Regierungschef Amintore Fanfani eingeleitet hat, indem er eine Koalition der Christlichen Demokraten mit den Sozialdemokraten und Republikanern bildete, die von den ehemals moskauhörigen Linkssozialisten Pietro Nennis parlamentarisch gestützt wurde, ist viel geschrieben und geredet worden. Die katholische Massenpartei machte zwar einige Reserven gegenüber den geforderten hohen Gegenleistungen der Linkssozialisten, aber sie fand sich letzten Endes doch bereit, diesen Kurs in dem Bewußtsein einer Sendung weiterzusteuern, solange es ging.

In der Römischen Kurie ist Kardinal Alfredo Ottaviani als der vatikanische Exponent gegen das Regierungsexperiment der linken Mitte bekannt. Von ihm, der das Heilige Offizium als Sekretär leitet – Präfekt, also eigentlicher Chef ist der Papst selbst –, erhoffte man sich ein klärendes Wort. Seine Anhänger designierten ihn deshalb, ganz unauffällig, damit Johannes es nicht merke, die wahre Meinung des Papstes zu erforschen. Sie wähnten, dem Sekretär dieser hohen kurialen Behörde gegenüber würde der Papst keine Ausflüchte machen können. Immerhin wurde unter Pius XII. von der Kongregation des Heiligen Offiziums das Exkommunikationsdekret des Heiligen Stuhls gegen Kommunisten und extreme Marxisten erlassen.

Johannes XXIII. hörte während einer der üblichen Tabellenaudienzen für Kardinal Ottaviani andächtig zu. Er vernahm die Sorgen gewichtiger Kreise aus dem bürgerlich-politischen Rom über die beinahe umstürzlerische Entwicklung unter Fanfani und Nenni. Ottaviani glaubte sich bereits am Ziel, meinte, den Papst überzeugt zu haben.

Ohne die geringste Widerrede, kommentarlos und schweigend ergriff Johannes plötzlich den Arm seines glaubens- und sittenstrengen Mitarbeiters aus dem Kardinalsrang, schwenkte ihn herum und trat mit ihm zum Fenster der Bibliothek. Sonnenüberflutet lag ihnen Rom zu Füßen. Ein hinreißender Anblick: römisches Ocker verband sich am Horizont mit dem azurblauen Himmel zu einem innigen Choral. Den Kardinal eng an sich haltend unterbrach der Papst die sekundenlange Stille mit den Worten: „Schauen Sie, Eminenz, welch prachtvolles Panorama von Rom man von hier oben aus genießt!"

Die Audienz war beendet.

PÄPSTLICHE GRÖSSE

Nicht nur Historiker sind über die Größe eines Papstes geteilter Meinung. Auch Droschkenkutscher. Johannes XXIII. erzählte am 22. April 1963 seinen Zuhörern auf dem Damasushof der Vatikanstadt ein Erlebnis aus der Sterbezeit Papst Leos XIII. Dieser römische Pontifex lag mit 93 Jahren im Sterben und er – Angelo Roncalli – begab sich als junger Seminarist in Rom fast täglich in den Vatikan, um über den Zustand des Papstes Erkundigungen einzuziehen und um für dessen Gesundheit zu beten. Gemeinsam mit befreundeten Seminaristen habe er sich eines Tages eine Pferdedroschke gemietet, um zum Petersplatz zu gelangen. „Damals", unterbrach sich der Papst, „konnte man für 80 Centesimi (das wären heute rund 0,60

Pfennige) mit der Pferdedroschke eine römische Stadtrundfahrt machen!"

In jenen Zeiten, meinte Johannes, sei der Droschkenkutscher noch Pulsschlag der öffentlichen Meinung gewesen. Ohne sich lange ermuntern zu lassen, legte sein Kutscher also los: „Leo XIII. ist für mich der größte Papst aller Zeiten. Wenn der stirbt, wird sicher ein anderer kommen. Aber der neue wird bestimmt nicht so viele Pilger nach Rom locken. Kein anderer Papst wird jemals wieder uns Kutschern soviel Arbeit und Brot verschaffen wie dieser Leo!"

Und Papst Johannes schmunzelte: „Da haben wir die Größe von Leo XIII."

BEICHTE

Der gleiche Droschkenkutscher fragte sehr erstaunt, nachdem ihm Seminarist Roncalli dargelegt hatte, Leo XIII. habe bereits die Sterbesakramente erhalten, er habe kommuniziert und gebeichtet: „Was, der Papst beichtet auch?"

Johannes ließ (hier versuchsweise ins Berlinerische übertragen) nun im römischen Volksdialekt und sehr unter einem vergnüglichen Lachen der Zuhörer die ganze Eigenantwort des Droschkenkutschers hören: „Wat, der Papst beichtet ooch! Da hat ja meine Alte recht, die immer zu mir sagt: ‚Nino, jeh' man lieber öfter inne Kirche'."

JUGEND

In der St.-Pauls-Basilika in Rom waren die Kardinäle noch immer stark beeindruckt von der soeben gehörten Ankündigung Johannes' XXIII., in Bälde ein Ökumenisches Konzil einzuberufen, als ein achtzigjähriger Purpurträger aufstand und dem siebenundsiebzigjährigen Papst begeistert zurief: „*Santo Padre,* ich werde mithelfen an dem großen Werk, ich werde an Ihrer Seite stehen und zum Gelingen des Konzils beitragen."

Gerührt ob dieser ersten spontanen Reaktion – die anderen Kardinäle äußerten sich gar nicht so rasch –, antwortete Johannes: „Eminenz, überlassen Sie uns, der Jugend, diese schwere Arbeit. Das mir vorschwebende Programm ist so umfassend, so ungeheuer weitreichend, daß es nur mit frischen Kräften bewältigt werden kann ..."

FRISCHER WIND

Seit der päpstlichen Ankündigung eines Ökumenischen Konzils am 25. Januar 1959 in der St.-Pauls-Basilika in Rom gab es in der Römischen Kurie eigentlich kaum mehr Ruhe. Die Gelassenheit war dahin. Zwar wurde nicht der vier- bis fünfstündige Arbeitstag im päpstlichen Staatssekretariat aufgehoben, aber die Monsignori mußten emsiger sein als sonst. Wer etwa geglaubt hatte, das Konzil werde wegen der klassischen Gründlichkeit der Kurie doch nicht stattfinden, weil man mindestens fünf Jahre zur Vorbereitung benötigte, wurde bald eines Besseren belehrt. Papst Johannes nahm Zuflucht zur Öffentlichkeit, um die kurialen Widerstände zu brechen. „Manchmal ist sogar die Meinung zu hören", stellte der Papst 1961 in einer Audienz fest, „die Vorbereitungen würden mindestens vier bis fünf Jahre in Anspruch nehmen. Weit gefehlt. Das Zweite Vatikanische Konzil wird 1962 eröffnet." Das kirchliche Rom war ergriffen. Der Papst jedoch setzte seinen Termin durch. Nur noch einmal mußte er in einer öffentlichen Rede drängen, die Konzilsarbeit wichtig zu nehmen. Verschleppungen würde er nicht dulden. „Man sagt", ließ sich der Papst während der Konzilsarbeiten vernehmen, „die große Kirchenversammlung wird zehn Jahre dauern. Wieder weit gefehlt. Nach der langen Pause vom Frühjahr und Sommer 1963 wird sie bis Weihnachten 1963 abgeschlossen sein."

Warum sträubte sich anfangs die Kurie so sehr gegen

die Abhaltung des Konzils? Neben einigen gewichtigen sachlichen, kirchenpolitischen und theologischen Gründen spielte zweifellos auch der berühmt schwache Arbeitselan eine Rolle. Warum, so wurde Johannes bald nach seiner Ankündigung in St. Paul gefragt, wolle er ein Ökumenisches Konzil einberufen? Wozu? Diese Riesenarbeit! Es läßt sich doch nichts in wenigen Monaten reformieren, ändern, verbessern! Johannes XXIII. hatte die ihn bestürmenden Würdenträger in seinem Arbeitszimmer schweigend angehört.

Sehr gefaßt stand er nach ein paar Minuten auf, schritt seelenruhig zum Fenster, öffnete es ganz weit und sagte: „*Ecco,* deswegen."

REGIEANWEISUNG

Die Kompetenz des Papstes ist weitreichend auf vielen Gebieten. In die Filmwelt war er indessen gar nicht eingedrungen. Er demonstrierte treuherzig diese Erfahrungslücke bei einem Rundgang durch die Peterskirche am Vorabend der Konzilseröffnung. Eine Unmenge Kabel, Gerüste, Scheinwerfer und Filmapparate fesselten seinen Blick. Der für den Laien verwirrende technische Aufwand verfehlte auch auf den Papst seine Wirkung nicht. Johannes XXIII. interessierte sich für jedes Detail. Man stellte ihm den Regisseur Antonio Petrucci vor, der zu erklären hatte, welche Bewandtnis es mit dem riesigen technischen Apparat habe. Petrucci erläuterte also dem Papst lang und breit, daß ihm, wie der Heilige Vater doch sicher wisse, die ehrenvolle Aufgabe übertragen worden sei, einen Dokumentarfilm von dem Zweiten Vatikanischen Konzil zu drehen. Es würde jedoch nicht ununterbrochen gefilmt werden, sondern nur einzelne Phasen und die Höhepunkte der großen Kirchenversammlung sollten aufgenommen werden. Der Papst hörte lange und geduldig zu. Endlich segnete er den Regisseur und dessen großes Vorhaben, und, sich schon abwendend, ermahnte er ihn:

„Machen Sie aber fix mit Ihrer Dreherei –; ich meine, sehen Sie zu, daß Sie schnell fertig werden, denn die Konzilsväter haben auch eine Menge Arbeit vor sich."

HOBEL

Auf die Frage, ob er denn glaube, daß es jemals wieder zu einer geeinten Christenheit kommen werde, antwortete Johannes XXIII., er glaube daran. Die Wiedervereinigung aller Christen müsse das oberste Ziel aller christlichen Gemeinschaften sein. Letzten Endes seien alle Christen aus der einen ursprünglichen Kirche hervorgegangen.

Gewiß, meinte der fragende anglikanische Besucher, aber seit vielen hundert Jahren haben die anderen christlichen Gemeinschaften völlig eigenständige, festgeformte und anerkannte Kirchen gebildet. Die katholische Kirche könne nicht einfach von einer „Rückkehr" sprechen. Das wäre keine Ausgangsbasis für eine Diskussion über die Wiedervereinigung, sondern der Endpunkt.

„Ich weiß", philosophierte Papst Johannes, „es wird lange dauern. Wir werden das große Fest der Wiedervereinigung beide nicht mehr feiern. Auch meine nächsten Nachfolger nicht." Aber einer müsse ja mal beginnen, die Hindernisse abzuräumen, die dem glorreichen Werk den Durchbruch versperren. Jedenfalls sollte ein Versuch gemacht werden. „Wer Hindernisse überwinden will, muß zuvor Ecken und Kanten abhobeln."

NOVIZEN

Im Zweiten Vatikanischen Konzil zeichneten sich die ersten schärferen Gegensätze zwischen den konservativen und den fortschrittlichen Gruppen ab. Besorgt über die „Unstimmigkeiten", beschwörten einige dem Papst nahestehende vatikanische Würdenträger, er möge schlichtend eingreifen. Johannes XXIII. lehnte ab und sagte statt dessen: „Es ist nur zu natürlich, daß jeder Konzilsvater seine

Gedanken vorbringen will. Das ist die heilige Freiheit, die von der Kirche geachtet wird."

Als nun die sorgenvollen Stimmen immer lauter wurden und der Papst gefragt wurde, wie es denn weitergehen solle, belehrte er die aufgeregten hohen Herren: „Wir haben alle noch kein Konzil mitgemacht. Die Dinge sollen ruhig an uns herantreten, wie sie sich zutragen. Letzten Endes müssen wir alle erst einmal lernen. Gegenüber dem Konzil sind wir alle Novizen."

KULTHANDLUNGEN

Abweichend von einer religiösen Ansprache sagte Johannes XXIII. in der Generalaudienz vom 6. Juli 1960 in der Peterskirche zur Überraschung mancher Priester, es sei gar nicht gut, die Andachtsmotive und Kulthandlungen in den Kirchen zu vermehren. Das Herumziehen von Altar zu Altar, das Niederknien vor jeder Heiligenstatue und viele andere neuere Kulthandlungen, von denen ihm immer wieder berichtet werde, seien geboren aus Oberflächlichkeit und Eitelkeit. Die innige Frömmigkeit aber halte sich ans Althergebrachte.

Viel später, im Mai 1963, kam Johannes XXIII. noch einmal auf dieses Thema zurück und ergänzte seinen Hinweis. Der heilige Petrus sei voller Jugend. Es genüge, ihm nachzueifern. Hier, von der Peterskirche aus, müsse man die Zukunft planen, „denn unsere Begegnungen hier sind, weiß Gott, keine Beerdigungen, die nach Neuem verlangen. Laßt uns also deutlich miteinander reden. Klipp und klar wollen wir uns verständigen, nicht zwischen den Zeilen. Binden wir uns keine Märchen auf."

GASPEDAL

Bern Nellessen schrieb nach dem Tode von Johannes XXIII. in der „Geistigen Welt": „Einer der Bedeutendsten war er und einer der Mutigsten; durchdrungen von einem kraftvolleren Optimismus als viele vor ihm und einer der größten Realisten auf dem Stuhle Petri, beispielhaft für alle, die ihm folgen werden. Welch ein Papst! Stimmten alle diese schmückenden Orden der Rhetorik, dann müßte nun, da ein neuer Papst das weiße Gewand seines Amtes anlegt, die katholische Kirche alle ihre Kräfte sammeln. Papst Johannes hatte sie gefordert. Wollte der Nachfolger darauf verzichten, sein Fanfarensignal weiterzugeben, so müßte eine Welle des Unmuts den *orbis catholicus* durchlaufen. Denn es reimte sich ja nicht zusammen, jemanden groß, mutig und beispielhaft zu nennen, dann aber sein Vermächtnis zu mißachten. Dieser Papst war groß, weil er zu den Fordernden gehörte; den Bänglichen war er verdächtig und den Reaktionären eine Zumutung. Wenn seine Größe umschrieben werden soll, dann ist sie darin zu sehen, daß er mehr wollte, als nur die Stellung zu halten. Er blies zur Offensive."

Der Dirigent Robert Craft, Freund und enger Mitarbeiter von Igor Strawinski, erklärte, der große Komponist sei von keinem Ereignis der letzten Jahre so stark beeindruckt worden wie von dem Tod Papst Johannes' XXIII. Aber schon vor dessen Hinscheiden hatte der berühmte Tonmeister begonnen, eine Messe zu komponieren, die er – einmalig in der Musikgeschichte – Papst Johannes XXIII. gewidmet hat. Welch ein Papst!

In einer Leserzuschrift an eine süddeutsche Zeitung schrieb Landgerichtsrat L. Angerbauer aus Wessling in Oberbayern über Johannes: „Er hat die Kirche aus ihrer Erstarrung herausgeführt zum Segen der ganzen Christenheit. Jeden bewegte der Gedanke: dieser Papst hätte früher kommen und länger leben sollen! Aber wie keiner seiner Vorgänger hinterläßt dieser große Papst ein Vermächtnis mit einer ungeheuer schweren Verpflichtung. Er hat das Papstbild der Gegenwart geprägt."

Wie dachte Johannes über die Bedeutung seines Pontifikats? Er lebte ganz bewußt im Gefühl der Erneuerung, der christlichen Einheit, wollte aber „kein Aufhebens" davon machen. Er ließ die gelehrten, klugen und intellektuellen Deutungen seiner Amtsführung aus der ganzen Welt gelten, ohne sie für das eigene Vokabular zu übernehmen oder etwa vor den immer erkannten eigenen Grenzen seiner Möglichkeiten blind zu werden. Seine Deutung lautete schlicht: „Ich bin der Papst, der aufs Gaspedal drückt.“

WÜRDE

In seiner Sommerresidenz Castelgandolfo wurde Johannes XXIII. einmal Augen- und Ohrenzeuge, wie ein päpstlicher Gendarm von einem Vorgesetzten abgekanzelt wurde. Jener hatte es verabsäumt, trotz des ergangenen Befehls, einem besonders zudringlichen Touristen den Fotoapparat abzufordern. So konnte es geschehen, daß während der folgenden Sonderaudienz „heimlich“ geknipst wurde. Auf den überlauten Vorhalt des Offiziers erwiderte der Gendarm, daß ein Kamerad den Film schließlich konfisziert habe. Es sei also kein Unglück geschehen. Der Einwand konnte den Gendarmen nicht vor der Strafe bewahren: einen Tag Stubenarrest.

Nun griff Papst Johannes ein, dem die Sicherheitsbestimmungen geläufig waren, der sie nolens volens auch billigte. Übertriebene Strenge liebte er freilich nicht. Besonders nicht in einem solchen Falle, da wirklich kein „Unglück“ geschehen war. „Es ist leicht für einen Vorgesetzten“, wandte sich beschwichtigend der Papst an den überraschten Gendarmerieoffizier, der dessen Herannahen nicht bemerkt hatte, „einen Untergebenen zusammenzustauchen. Bedenken sie aber immer, daß die Strafe dem Tatmaß entsprechen soll. Mir will die Strafe hier exzessiv erscheinen, weil der brave Mann bisher nur ein einziges Mal gefehlt hat. Da kann man ruhig einmal ein Auge zudrücken und es mit einer Zurechtweisung bewenden lassen. Was aber die Lautstärke angeht ...“ Hier erhob Johannes eines der wenigen Male seinen Zeigefinger und schloß: „Wer schreit, hat unrecht! Man soll immer die Würde dessen respektieren, der vor einem steht, und vor allem die Freiheit eines jeden Menschen. Gott selbst hält es so!"

GEMEINDEPFARRER

„Heiliger Vater", sprach ein vatikanischer Protokollbeamter den Papst nach einer der ersten Ausfahrten aus dem Vatikan an, „die italienischen Sicherheitsbehörden sind völlig aus dem Häuschen, weil Sie so viele Stadtfahrten unternehmen und sogar vor den Verkehrsampeln vorschriftsmäßig halten lassen."

Johannes: „Das gehört sich doch wohl so – oder?"

„Gewiß, gewiß, aber man möchte doch gern vorher wissen, wohin die Fahrt geht und welche Straßenzüge berührt werden, denn die Verantwortung ist zu groß, daß etwas passieren könnte."

„Unsinn", gab der Papst zurück, „was soll denn schon passieren?"

„Nichts Böses, natürlich", beeilte sich der Beamte zu erwidern, „aber von den vielen Menschen, die sich beim Vorbeifahren immer am Straßenrand drängen, könnte jemand zu Schaden kommen, zumal der Verkehr heutzutage ein bißchen anders aussieht als zu den Zeiten des letzten Johannes-Papstes!"

„Ach was", winkte der 23. Johannes ab, „das wird sich bald ändern; passen Sie nur auf. Nämlich dann, wenn sich die Römer an mein Auftauchen wie an das eines Gemeindepfarrers gewöhnt haben."

DAS GELÜBDE

Johannes XXIII. war viel gereist. Abgesehen von seiner engeren Heimat Italien, die er gründlich kannte, führten ihn Auslandsreisen durch fast ganz Europa, nach Afrika und dem Nahen Osten. Im Jahre 1912 war er erstmals in Deutschland und Österreich (München und Mariazell). Es waren Inspektionsreisen, die er auf Weisung von Papst

Benedikt XV. zur Neuordnung der Zusammenarbeit im Missionswesen unternahm. In Aachen verhandelte er mit dem Verein vom Hl. Franz Xaver und in München mit dem Ludwig-Missionsverein. 1929 reiste Delegat Roncalli über Prag, Tschenstochau, Warschau, Posen und Gnesen nach Berlin, wo er mit Nuntius Pacelli, dem späteren Papst Pius XII., zusammentraf. Von der schönen Berliner St.-Hedwigs-Kirche schwärmte der Papst noch im Jahre 1960 dem Verfasser gegenüber in einer Audienz in der Benediktionsaula.

Das Geheimnis, warum Johannes XXIII. aber unbedingt 1962 eine Pilgerfahrt zur Schwarzen Madonna von Loreto absolvieren wollte, nämlich um ein 62 Jahre altes Gelübde aufzuheben, lüftete er selbst in einer Rede im Dom von Loreto.

Auf der Reise hatte ihn der christlich-demokratische Ministerpräsident Amintore Fanfani begleitet, wobei sich zwischen beiden die bereits bestehende gegenseitige Sympathie zu einer herzlichen Freundschaft vertiefte. Fanfanis sozialer Reformhunger ließ ihn zur „Öffnung nach links" finden, aber unter entschiedenem Ausschluß der Kommunisten. Und da die „Öffnung nach links" eine „Schließung nach rechts" impliziert, blieben die Rechtsparteien ebenfalls verfehmt. Wenn man Johannes XXIII. überhaupt eine politische Linie nachsagen wollte, so kann man ihn sich allenfalls am Ausgangspunkt der von Fanfani befahrenen Geleise vorstellen. Johannes ergriff aber nur im sozialen Sinne Partei.

Vor dem Geburtshaus Mariens, das nach einer frommen alten Legende von Engeln aus Bethlehem nach Loreto weit über das Adriatische Meer „herübergeflogen" wurde – die Madonna von Loreto ist deshalb zur Schutzpatronin der Flieger erhoben worden –, erinnerte Johannes, diesmal von einer vieltausendköpfigen Menge umringt und von ihr bejubelt, an seine erste Pilgerreise nach Loreto vor 62 Jahren. Er habe sich damals auf dem Wege von Sotto il Monte nach Rom befunden, um sein Theologiestudium aufzunehmen. „Man schrieb den 20. September 1900", hob der

Papst an. „Die Stadt prangte übermäßig im italienischen Flaggenschmuck. Die Freimaurer feierten dieses Datum als einen Sieg über das Papsttum“, sagte der Papst mit leiser Stimme, „und ich wunderte mich, im Dom so wenig Menschen zu sehen. Überhaupt keine Männer, nur ein paar alte Frauen. Nach der Andacht wurde ich auf den Straßen wegen meines geistlichen Gewandes bespöttelt und bewitzelt. Manche Worte waren übelste Schmähungen ... Ich kann euch sagen, ich fühlte mich sehr elend. Die Schmach konnte ich nicht verwinden, und ich schrieb noch am gleichen Abend in mein Tagebuch: ‚Gebenedeite Madonna von Loreto! Ich verehre und liebe dich wirklich. Ich will auch versprechen, dir als guter Seminarist in Rom immer die Treue zu halten. Es tut mir aber leid, dir sagen zu müssen, daß du mich hier nie wieder sehen wirst.‘“

UNGESCHRIEBENES GESETZ

Ungeschriebene Gesetze gibt es für alle Bereiche des menschlichen und staatlichen Lebens. Zu Lebzeiten Pius' XII. ist in dem kleinen Vatikan-Staatswesen ein ungeschriebenes Gesetz eingeführt worden, das schließlich in Anlehnung an andere schlicht „Canali-Doktrin“ genannt wurde (nach dem Kardinal Nicola Canali). Sie besagte, daß während der päpstlichen Spaziergänge in den Vatikanischen Gärten niemand zugegen sein durfte. In Abständen von einigen hundert Metern waren vatikanische Gendarmen in Zivil postiert, um die Einhaltung der Vorschrift zu überwachen. Der Absonderungswunsch Pius' XII. und mancher seiner Vorgänger war so stark, daß zu den betreffenden Stunden selbst die Kuppel von St. Peter für Besucher gesperrt blieb.

Johannes XXIII. hatte viele solcher Beschränkungen nach seiner Thronbesteigung aufgehoben. Bei einem Spaziergang in den Gärten wurde er von einem Protokollbeamten darauf hingewiesen, daß alle seine Schritte und Bewegungen dauernd von Touristen mit Ferngläsern von der

Peterskuppel aus verfolgt werden. Wenigstens diese „Zudringlichkeit" sollte er sich doch wohl verbitten. Der Papst peremtorisch: „Laßt sie nur gucken. Noch bin ich es wert, gesehen zu werden... Oder bin ich etwa eine Skandalfigur?"

P. G.

Die eigene Leibesfülle und die anderer Männer war für Johannes ein beliebtes Thema. Es tat ihm wohl, sich selbst deswegen zu bewitzeln oder gelegentlich einen „Leidensgenossen" damit zu frotzeln. Es geschah jedesmal mit so viel Charme, daß der oder die Betreffenden nachher gar nicht mehr so begierig darauf aus waren, etwa schon geplante Abmagerungskuren anzufangen oder fortzusetzen. „Der muß zunehmen", sagte er dann wohl einmal zu einem besonders schlanken Besucher, wie dem Missionsbischof Vervoort, um dann in Vervollständigung eines Wortes seines Namenspatrons, des Täufers, den allerdings eher kräftig als umfangreich wirkenden bischöflichen Begleiter zu mustern: „... und der muß abnehmen!"

Unangemeldet erschien Johannes XXIII. ein anderes Mal an einem Nachmittag bei drückender Hitze in der Tischlerei der Vatikanstadt. Die dort beschäftigten Handwerker knieten sofort nieder, als der Papst die Schwelle ihrer Werkstatt überschritt. Es dauerte eine geraume Weile, bevor sie sich wieder erhoben. Ihre fromme Scheu verloren sie freilich erst, als der Papst einen jungen Arbeiter beauftragte, zwei Flaschen Wein zu holen. Flugs waren auch Gläser zur Stelle, und gemeinsam mit Johannes XXIII. tranken die paar Tischler den guten Tropfen des Vatikans. Das erste noch schüchterne gegenseitige Zulachen war bald einer freudigen Unterhaltung gewichen. In dieser Stimmung richtete der Papst das Wort an den rundlichen Vorarbeiter: „Ich wette", sagte Johannes mit einem breiten Lachen, „du bist Parteimitglied!"

Der Dicke meinte, er müsse in den Erdboden versinken, so verlegen war er. Er zögerte eine ganze Weile mit der

Antwort, denn man kann ja nie wissen ... „Hei – – –, Heiliger Vater“, stotterte er endlich, „ich, ich bin in keiner Partei! Ich gehöre keiner politischen Vereinigung an.“ Der Papst klopfte dem Manne begütigend auf die Schulter und sagte: „Der Partei, von der ich rede, braucht man auch nicht beizutreten. Da wird man ganz automatisch Mitglied: PDDM.“ Der Vorarbeiter wiederholte die Buchstaben kopfschüttelnd. Die anderen Arbeiter murmelten sie verständnislos vor sich hin, während sich Johannes beim Anblick der herumrätselnden Handwerker vergnügte. Aber dann platzte er heraus: „Partei der dicken Männer!“

PARAS

Unter den vielen Soldatengruppen, die Papst Johannes im Vatikan und in Castelgandolfo empfangen hat, war auch eine Abordnung französischer Fallschirmjäger. Der Papst rühmte den Mut dieser Truppe und sagte dann, ihm sei der Konflikt erspart geblieben, zu entscheiden, ob er Infanterist oder Fallschirmjäger werden sollte, weil es im Ersten Weltkrieg noch keine „Paras“ gegeben habe. Hochaufgerichtet und stolz standen die Männer vor Johannes, denn sie freuten sich über das päpstliche Lob. Unmerklich floß sodann die Roncalli-Ermahnung in das Gespräch ein. Am Ende wußten die Fallschirmjäger aus Frankreich, daß der beim Militär eingerichtete Kirchgang dem Papst mehr gefiel als ihr Draufgängertum. Papst Johannes drückte sich so aus: „Während ihr so eifrig darauf bedacht seid, getreu nach der Ausbildungsvorschrift vom Himmel zu fallen, möchte ich doch nicht, daß ihr dabei am Ende vergeßt, wie ihr hinaufkommt.“

MUSIKSTADT WIEN

Noch heute spricht man in Rom von der Aufführung der Bruckner-Messe in f-Moll in der von Michelangelo entworfenen römischen Basilika „Santa Maria degli Angeli". Es war in der Tat ein musikalisch-kulturelles und besonderes kirchliches Ereignis von nachwirkender Bedeutung: Zum ersten Mal erklang in einer römischen Basilika Instrumentalmusik. Die weltfernen konservativen Kurialbeamten sträubten sich zunächst dagegen, wähnend, daß solche Konzerte in Kirchen, selbst wenn sie meisterhaft ausgeführt werden, der Religiosität doch nicht recht förderlich sind. Papst Pius XII. belehrte sie eines Besseren. Er billigte nicht nur die Aufführung, sondern er erlaubte auch, daß sie „zu Ehren Seiner Heiligkeit Papst Pius' XII." veranstaltet werden durfte. Kardinalvikar Clemente Micara hatte das Protektorat übernommen. So konnte der Präsident des Österreichischen Kulturinstitutes in Rom, Dr. Egon Hilbert, als erfolgreicher Initiator und Veranstalter im November 1957 das gesamte beim Heiligen Stuhl und das beim Quirinal akkreditierte Diplomatische Korps, sechs Kardinäle, viele Bischöfe, zahlreiche italienische Regierungsmitglieder und führende Vertreter aus der internationalen Politik und italienischen Kulturwelt in der Basilika willkommen heißen.

Papst Johannes XXIII. erinnerte sich gleich nach seiner Thronbesteigung an diese denkwürdige Aufführung der Wiener Symphoniker unter der Stabführung von Wolfgang Sawallisch mit den Solisten Wilma Lipp, Sonja Draksler, Anton Dermota und Hanns Braun von der Wiener Staatsoper. Er ersuchte Dr. Hilbert, in der Vatikanstadt ein Konzert auszurichten. Dr. Hilbert sorgte für eine vollendete Darbietung. Die Anerkennung blieb nicht aus: Papst Johannes gewährte dem Institutspräsidenten eine Privataudienz.

Als Sektionssekretär des Werkes der Glaubensverbreitung, so erzählte nun der Papst im Laufe der Unterhaltung seinem aus Wien stammenden Besucher, habe er viele Reisen unternommen, auch nach Wien sei er gekommen. Als er einmal einen unvorhergesehenen freien Tag hatte, ergriff er die Gelegenheit, die Musikstadt Wien näher kennenzulernen. Er sei „in einen Konzertsaal" geraten. Die

Namen der dort zu Gehör gebrachten Komponisten und ihre Werke könne er nicht mehr hersagen, womit er zugleich andeuten wolle, wie sehr er sich gelangweilt habe. Völlig niedergeschlagen habe er den Saal vorzeitig verlassen und seine Schritte in Richtung der Wiener Staatsoper gelenkt. Dort sei es ihm gelungen, noch ein Billett für das Stehparterre zu ergattern.

Das Stehparterre ist ein leerer Raum hinter den letzten Reihen des Parketts, wo anstelle von Sesseln und Logen massive Stahlgeländer eingelassen sind, die für die dahinter Stehenden zum Auflehnen gedacht sind. Es handelt sich hier um eine lobenswerte traditionelle Platzordnung, die es in dieser Form kaum in irgendeinem Theater der Welt außer dem Wiener Opernhaus zu geben scheint. Lernbegierige junge Talente und weniger begüterte Menschen mit schmalen Geldbeuteln können also hier akustisch hervorragende und beste Sichtplätze belegen.

„Die Jugend im Stehparterre musterte mich zuerst kritisch", plauderte vergnügt der Papst, „aber dann hat sie mein munteres Lachen wohl überzeugt, daß auch ich mich unterhalten wollte. Ja, die Jungen haben mir sogar meinen Platz freigehalten, obwohl ich während der Pause nichts am Geländer hatte hängen lassen. Und wissen Sie, was gespielt wurde? Ja, *da* habe ich mich amüsiert: es war die ‚Carmen'."

„LINZER BUAM"

Zu Beginn der Audienz vom 6. August 1960 in Castelgandolfo ertönte zum freudigen Erstaunen Papst Johannes' XXIII. plötzlich die „Tankred"-Ouvertüre von Rossini. Es spielten die „Linzer Buam" unter ihrem Dirigenten Robert Thaller. Johannes ließ sich sofort berichten und erfuhr, daß die in kurzen Ledernen mit roten Wämsen spielenden Linzer mit ihrem Blasorchester für die Dauer der Olympischen Sommerspiele in der Ewigen Stadt engagiert seien, zuerst aber dem Heiligen Vater aufspielen wollten. Johannes nannte die „Linzer Buam" in seiner laut verlesenen Besucherliste wegen der erwiesenen Huldigung mit besonderer Dankbarkeit, was vom Orchester mit einem dreifachen, prägnanten Tusch aller dreißig Instrumente quittiert wurde. Die rund 13000 Audienzteilnehmer klatschten brausenden Beifall. Zwischendurch waren Rufe nach mehr Musik laut geworden. Der Papst sollte sich „was wünschen".

Johannes XXIII. war kein Spielverderber und rief den ihm am nächsten stehenden Orchestermitgliedern Franz Polak (Klarinette) und Walter Heinisch (Schlagzeug und Sänger) zu: „Spielt einen Walzer! – In Österreich ist es mir ja damals nicht gelungen, Wiener Musik zu hören."

Der „Blaue-Donau-Walzer" klang auf. Der Papst war so davon angetan, daß er erst bei den letzten Takten das Zeichen zum Aufbruch gab. Unter dem Jubel der Gläubigen ließ er sich auf der Sedia gestatoria hinaustragen.

ZIRKUS

Am 29. Dezember 1958 wartete Johannes XXIII. mit einer Sensation auf, die den vatikanischen Hofstaat schier verzweifeln ließ. Er gewährte dem Personal des gerade in Rom gastierenden italienischen Zirkus „Orfei" eine Sonderaudienz. Die fahrenden Artisten und Künstler kamen aber nicht allein: sie brachten viele ihrer geflügelten und vierbeinigen „Kollegen" mit. Der ehrwürdige Konsistoriensaal im Apostolischen Palast, in dem sich kurz vorher noch das hochwürdige Kardinalskollegium versammelt hatte, wurde zum Schauplatz einer ganz echten Zirkusveranstaltung. Höhepunkt der Vorführung war eine Taubendressur. Die Tauben waren ob der ungewohnten Umgebung und der wenigen Zuschauer nicht verlegen: mit Bravour und zum größten Vergnügen des Papstes absolvierten die schneeweißen „Artisten" ihre Nummer. Johannes spendete lange herzlichen Beifall. Prominentester Audienzteilnehmer aber war ein Löwenbaby im Alter von 45 Tagen. Es fühlte sich im Konsistoriensaal recht wohl;

noch wohler war ihm, als der Papst sein Köpfchen kraulte und lange das wollige Fell streichelte. Dazu spielte die Zirkuskapelle – –: „Stille Nacht, heilige Nacht!"

Mit seinen Dankesworten an das fahrende Volk lobte der Papst dessen zähes Festhalten an der Tradition und wünschte ihm, die Menschen mögen wieder öfters den unmittelbaren Kontakt zur „erbaulichen Zirkuswelt" suchen. Den Eltern empfahl der Papst bei dieser Gelegenheit, ihre Kinder häufig in den Zirkus zu führen, weil sie dort ihre Scheu vor den „wilden Tieren" verlören und lernen könnten, daß Tiere auch „Kameraden" seien. Zu dem Löwenbaby gebeugt, sprach Johannes zum Abschied die Worte: „Sei froh, daß du keine Flügel hast – sonst würde ich dich als mein Wappentier hierbehalten."

Papst Johannes führte in seinem Wappen den geflügelten Markuslöwen.

KLEINER SEGEN

Der 7. März 1963 war ein historischer Tag im Vatikan. Der Papst empfing im kleinen Thronsaal den vormaligen italienischen Staatspräsidenten Giovanni Gronchi, Senator Armando Angelini und Professor Arangio Ruiz, Vertreter der „Fondazione Balzan", die ihm feierlich und offiziell verkündeten, daß die Balzanstiftung ihren ersten Friedenspreis in Höhe von einer Million Schweizer Franken einstimmig Papst Johannes XXIII. zugesprochen hatte. Neben den Mitgliedern des Balzanpreis-Komitees wohnten etwa hundert italienische und ausländische Journalisten der Zeremonie bei.

Ihre größte Aufmerksamkeit widmeten die Auslandskorrespondenten freilich der dabei ebenfalls anwesenden Sowjetgruppe. Historisch war der Tag auch aus anderem Grunde. Zum ersten Mal hatte sich ein Mitglied des Obersten Sowjets vor einem römisch-katholischen Pontifex verneigt: Alexei Adjubei, der Schwiegersohn des sowjetischen Premiers und Chefredakteur der Moskauer „Iswestija". Neben dem wuchtigen Adjubei im dunkelgrauen Anzug und silbergrauer Krawatte saß seine schmächtigere Gattin Rada Chruschtschow, die Tochter des Kremlgewaltigen. Sie hatte ein etwas zu helles graues Kostüm angelegt, dafür bedeckte ihren Kopf, der vatikanischen Protokollforderung entsprechend, ein schwarzer Schleier.

Tags zuvor war Adjubei noch ziemlich naßforsch aufgetreten, diesmal schien er beeindruckt. Auf die Frage, ob sein Schwiegervater, wenn er nach Rom käme, auch den Papst besuchen würde, hatte er zuerst barsch geantwortet: „Auf alle Fälle wissen wir – der Papst beißt nicht." Kurz vor dem Gespräch mit Johannes XXIII. gab er wenigstens für seine Person öffentlich zu: „Ich bin als überzeugter Atheist beeindruckt, solch einem Manne der Religion gegenüberzutreten."

Während der Papst und Senator Gronchi nacheinander ihre Ansprachen verlasen, folgten die Adjubeis aufmerksam der Simultanübersetzung Pater Kuliks vom päpstlichen „Russicum". Wißbegierig hatte sich Adjubei zuvor den Wappenspruch an der Stirnseite des Thronbaldachins übersetzen lassen: „Ubi Petrus ibi Ecclesia" (Wo Petrus ist, da ist die Kirche).

Die mahnenden Worte Johannes' XXIII. haben auf den Primus der Sowjetpresse einen ziemlichen Eindruck gemacht. Der Papst schaute Adjubei zwar nicht dabei an, aber alle, die in dem kleinen Saal anwesend waren, ahnten, wer in erster Linie gemeint war.

Möglich ist, daß man im Kreml überlegt hatte, die Friedensbemühungen Johannes' XXIII. und seine entpolitisierte versöhnliche Regierungsart durch einen Besuch Adjubeis im Vatikan auf ihre Echtheit hin zu prüfen. Dem Bauernsohn auf dem Stuhl Petri schien man nicht nur zu trauen, sondern man wollte gleichzeitig auch langfristiges politisches Kapital aus dem Papstempfang für Adjubei schlagen. Sogar mit Zinsen. Die ersten Zinsen sollten schon bei den italienischen Parlamentswahlen im April 1963 gutgeschrieben werden. Johannes ließ sich indessen nicht „einsetzen", sondern benutzte die Gelegenheit, dem zuständigsten sowjetischen Meinungsmacher eine sanfte Lektion zu erteilen.

Der Papst bat sich eingangs im Zusammenleben der Menschen die Einhaltung wenigstens der primitivsten Anstandsregeln aus. Er sagte sodann, wer den Frieden wolle, müsse ihn zunächst herabflehen und danach lernen, dem Frieden zu leben: in der Familie, im gesellschaftlichen Verkehr der Menschen untereinander und in den internationalen Beziehungen. Er schloß: „Das ist eine ganze Summe von ernsten und wohlbekannten Pflichten, denen die Fähigkeit innewohnt, den Gebrauch der eigenen Rechte in edler Weise zu disziplinieren und sich eines anständigen und respektvollen Umgangstones gegenüber allen zu befleißigen, auch wenn es sich um die Zurückweisung einer Anschuldigung handelt oder darum, das heilige Erbgut der menschlichen Persönlichkeit, der Familie, der Gemeinschaft zu verteidigen."

Adjubei zuckte leicht zusammen, als der Papst geendet hatte. Womöglich dachte er an seine Grobheiten, die er vor der in Rom akkreditierten Auslandspresse unter einer wahren Frascati-Dunstglocke von sich gegeben hatte, nachdem ihn die Mitglieder der römischen Auslandspresse-Vereinigung, der „Stampa Estera", mit ihrem damals amtierenden Präsidenten Agne Hamrin (Stockholm) in einem Anflug der versöhnenden „Romanità" zu einem festlichen Lunch unter Kollegen ins Grand-Hotel eingeladen hatten. Adjubeis Antwort auf die Frage des Journalisten Erich B. Kusch, wann wohl an den Moskauer Kiosken alle Blätter im freien Handel zu haben sein werden, die von den an diesem Essen teilnehmenden Korrespondenten aus dreißig verschiedenen Ländern vertreten werden, lautete beispielsweise: „Wenn ihr aufhört, Sauereien über die Sowjetunion zu schreiben!" Adjubei ließ diesem sublimen Ausspruch noch einen mit der ganzen Fülle seines sowjetischen Charmes versehenen Pfiff durch die Zähne folgen.

Die Auslandskorrespondenten wurden bei der tags darauf folgenden Audienz bald aus dem Thronsaal herauskomplimentiert. Zurück blieb Adjubei mit seiner Gruppe, der noch zwei Sowjetdiplomaten und die Journalisten Leonid Kolossow und Alexei Krassikow sowie Leon Kapalet, Generalsekretär der „Sowjetisch-Italienischen-Gesellschaft“ in Moskau, angehörten. In die Privatgemächer des Papstes wurden dann nur Adjubei und Frau Rada mit dem päpstlichen Dolmetscher Pater Kulik geführt.

Die historische Unterredung eines Papstes mit dem bislang ranghöchsten Sowjetmenschen dauerte achtzehn Minuten. Was dabei besprochen wurde, offenbarte ein Monsignore bald nach dem Hinscheiden des Papstes in Assisi: Schlichte Worte voller apostolischer Güte, gerichtet auch an die Enkelkinder des Moskauer Kremlherrschers, mit einem besonderen Segensgruß an den kleinen Iwan Adjubei, den russischen Namensvetter des römischen Papstes Johannes. Niemals aber hat Johannes XXIII. danach gestrebt, „die Freiheit zu verraten, um die Kirche zu retten“, wie ihm von Kritikern vorgeworfen worden ist.

Am Schluß der allgemeinen Audienz machte Johannes eine hilflose Gebärde, weil man ihn zum Aufbruch mahnte. Mit erhobenen Armen resignierte der Papst: „Da seht ihr nun die Freiheit des Papstes: immer wird er herumkommandiert!“

Allen Anwesenden „und den Angehörigen daheim“ erteilte Johannes seinen Segen. Während sich Chruschtschows Schwiegersohn verneigte, blieb Frau Rada kerzengerade stehen. Ihr Gesicht war jedoch nachdenklich. Weilten ihre Gedanken beim Vater im Kreml? Als „Angehöriger daheim“ ist er automatisch im Apostolischen Segen, der meistens mit einem vollkommenen Ablaß verbunden ist, einbezogen.

Johannes XXIII. kündigte den Segen mit unnachahmlicher gütiger Gebärde an. Völlig entwaffnend sagte er: „Und jetzt ist ja wohl ein kleiner Segen fällig. So ein kleiner Segen kann ja nicht schaden. Empfangt ihn, wie er gemeint ist – auch alle Angehörigen daheim sind eingeschlossen –, versöhnend und zu eurem Seelenheil. Frieden und Rechtschaffenheit mögen immer mit euch sein.“

John J. McCloy hörte während der ihm gewährten Privataudienz von Papst Johannes XXIII. eine Geschichte mit einem scherzhaften Zweifel über das Vorhandensein guter Rechtsanwälte im Himmel.

Dem Papst war sehr wohl bewußt, daß John J. McCloy früher US-Hochkommissar für Deutschland und später Präsident der Weltbank gewesen ist, war sich aber nicht sicher, welche Stellung John J. McCloy nunmehr bekleidete. Johannes hörte nun, daß sein Besucher neben seiner Stellung als Präsident einer der größten amerikanischen Banken seinem eigentlichen Berufe nach ein Rechtsanwalt sei.

„Ach, also Rechtsanwalt!“ Zum kanadischen Monsignore Carew gewandt, der John J. McCloy begleitet hatte und im Bedarfsfalle jeweils als Dolmetscher fungierte, rief fragend der Papst: „Ob wir ihm da wohl unsere Rechtsanwaltsgeschichte erzählen sollten, und ob Mr. McCloy es mir gar übelnimmt, wenn ich sie ihm erzähle?“

Nachdem John J. McCloy ausdrücklich versichert hatte, er würde ganz bestimmt nicht gekränkt sein, gab Johannes, selbst davon überaus belustigt, eine breit ausgeschmückte Erzählung zum besten:

Der heilige Petrus machte eines schönen Tages wieder einmal einen Kontrollgang durch den Himmel und bemerkte plötzlich unter den Anwesenden ein paar ziemlich fragwürdige Gestalten. Er stutzte, denn er konnte sich nicht erinnern, obwohl er sein Gedächtnis für unfehlbar hielt, diese Figuren eingelassen zu haben. Nach beträchtlich langem Sinnen und vieler Überlegung kam Petrus zu der einzig richtigen Schlußfolgerung: die Verdächtigen müßten wohl aus den unteren Regionen in sein Reich eingedrungen sein. So war es auch. Eine eingehende Prüfung durch die himmlischen Heerscharen führte zur Entdekkung einer Lücke in der Barriere zwischen Himmel und Hölle. Petrus wollte den Fall sogleich in einem Gipfelgespräch mit dem Satan klären.

Kaum hatte Petrus das Problem aufgezeigt, wollte der Teufel wissen, welche Vorschläge Petrus zu machen gedenke. Petrus meinte, es handele sich hier ganz offensichtlich um einen Fall, der im gegenseitigen Interesse liege. Es sei doch klar, daß der Himmel nicht von den Verdammten der Hölle überschwemmt zu werden wünsche, ebenso sicher sei es aber auch, daß der Teufel es nicht gern sehen könnte, wenn die Heiligen des Himmels bei seinen Insassen noch verspätete Konversionen auslösten. Solchermaßen argumentiert, schlug Petrus das folgende Übereinkommen vor: Er verpflichtete sich, die Trennstrecke im ersten Jahr gut instand zu halten, Satan aber hatte im folgenden Jahr für notwendige Reparaturen aufzukommen, und jahrweise abwechselnd sollte so das Übereinkommen bis in alle Ewigkeit gültig sein.

Satan stimmte zu. Ein Handschlag besiegelte diese Abmachung. Aber Petrus wurde von einem neuen Gedanken gequält und wandte ein: „Ich fürchte, für diesen Pakt kann ich deinen Handschlag nicht akzeptieren. Dein Ruf, Verträge zu halten, ist doch gar zu schlecht. Ich schlage vor“, fuhr Petrus fort, „daß wir einen regelrechten Vertrag aufsetzen.“ „Gut“, ließ sich der Teufel vernehmen, „ganz nach Belieben.“ Über den Text war man sich rasch einig, der Vertrag alsbald geschrieben. Petrus siegelte mit seinem Fischerring, Satan drückte seinen Huf in den Siegellack, und der Rechtsordnung war Genüge getan.

Petrus stand natürlich zu seinem Siegel und hielt die Trennstrecke das erste Vertragsjahr über in einwandfreier Verfassung. Doch mitten im zweiten Jahr tauchten wieder einige von den fragwürdigen Gestalten im Himmelsbereich auf. Petrus entschloß sich diesmal zu einer eigenen Untersuchung. Siehe da, abermals klaffte eine Lücke in der Wand. Nichts anderes als mangelnde Instandhaltung durch die Höllenverwaltung war der Grund. Petrus kam zu Satan und herrschte ihn wegen des eklatanten Vertragsbruchs an, der aber lachte nur und gab so von obenher zurück: „Na und? Was willst du da groß machen?“ „Was ich tun werde?“ empörte sich Petrus. „Du hast einen Vertrag mit mir abgeschlossen ... hier ist er! Du willst doch nicht etwa deinen Huf-Abdruck abstreiten? Ich hätte wissen sollen, daß man sich nicht auf dein Wort verlassen kann. Nicht einmal besiegelt! Paß auf! Was ich machen werde? Ich werde dich beim Obersten Gericht verklagen! Ja, verklagen werde ich dich!" „Ach was", sprach Satan in aller Gemütsruhe, „wo willst du denn dafür im Himmel einen tüchtigen Rechtsanwalt hernehmen?"

Der Papst und alle Anwesenden lachten herzerfrischend. Johannes XXIII. sprach jedoch beim ausklingenden Lachen die Hoffnung aus, die Anwälte mögen die Anekdote nur nicht krumm nehmen und sie so als Scherz verstehen, wie sie erzählt sei.

SOZIALIST

Zu den Traditionen des Heiligen Stuhls gehört es, jährlich um Weihnachten und Neujahr herum den römischen Adel in Sonderaudienz zu empfangen. Die Begegnung Roncallis mit den aristokratischen Familien hat immer ihren besonderen Reiz gehabt: der Sohn armer Landarbeiter gab den reichen Patriziern Ratschläge. In der Tat, noch immer ist die Masse des italienischen Privatkapitals in den Händen weniger Adelsfamilien konzentriert. Fürst Alessandro Torlonia führt nicht nur den Reigen der wohlhabenden Aristokraten Roms an, sondern er ist auch der begütertste Mann der italienischen Hauptstadt schlechthin. Größtenteils stammt der Reichtum aus Grundbesitz.

Johannes XXIII. erwies dem Adel gewöhnlich dadurch seine väterliche Zuneigung, daß er deren Kinder zu sich rief. Sie durften direkt bei ihm am Thron sitzen und, wenn sie es gelüstete, könnten sie auch mit dem Papst spielen. Er würde es ihnen nicht verwehrt haben. Den Erwachsenen aber hielt er jedesmal eindringlich vor Augen, daß sie, die Träger so edler und wohlklingender Namen, Sprößlinge vornehmer Familien, die der Kirche mehrere unsterbliche Päpste, viele Kardinäle gegeben haben, allein schon durch ihre Herkunft größeren Sinn für soziale Gerechtigkeit an den Tag zu legen hätten. *Noblesse oblige* auch den Notleidenden gegenüber, ermahnte sie dann Papst Roncalli.

In der Audienz 1962 auf 1963 redete Johannes dem Adel so ins Gewissen: „Vergeßt es nicht! Wenn der liebe Gott euch so reich mit Geld bedacht hat, so sind das Schätze, die ihr als ein unter Armen und Habenichtsen zu verteilendes Gut zu verwalten habt. Eines Tages müßt ihr ohnehin vor dem Schöpfer des gesamten Reichtums dieser Erde Rechenschaft ablegen. Gebt lieber heute als morgen. Wenn ihr nur einen Tag zögert, werden es euch andere mit Gewalt nehmen."

Ein noch junger Fürstensohn soll beim Verlassen des Vatikans zu seinen nachdenklich gestimmten Eltern gesagt haben: „Ich hab's ja immer gesagt, Papa Giovanni ist doch ein Sozialist!"

MADAM

Für den Empfang der First Lady aus den USA wollte sich Papst Johannes wenigstens die erste Anrede auf englisch einprägen. Vom sachkundigen Kardinalstaatssekretär Cicognani, der ja viele Jahre im Dienste des Heiligen Stuhls in Washington verbracht hatte, ließ er sich sagen, daß er entweder „Madam" oder „Missis Kennedy" sagen könne. Bevor nun die Gattin des amerikanischen Präsidenten die Privatbibliothek betrat, übte der Papst ein paarmal: „Madam, Missis Kennedy, Madam ..." Im Augenblick ihres Eintritts aber vergaß Johannes aus Freude über den Besuch das Auswendiggelernte. Strahlend ging er ihr entgegen und rief: „Jackie!"

REICH

Ein deutscher Geistlicher im gutsitzenden Anzug durfte sich während einer sogenannten *Baciamano*-Audienz im

Apostolischen Palast der Vatikanstadt länger als sonst dabei üblich mit dem Papst unterhalten, einfach, weil Johannes bei dem eleganten Prälaten mehrere Minuten länger verweilte. Wohlhabend, soigniert und würdig stand der hochgewachsene Priester aus einer millionenreichen Diözese nach dem Kniefall vor dem viel kleineren Johannes. Gerade so, als wolle der edle St. Martin, diesmal aus dem Wirtschaftswunderland, nochmals seinen Mantel teilen. Zum Dank für die Auszeichnung durch Papst Johannes und wohl auch durch dessen anerkennendes Lächeln ermuntert, erzählte der Prälat, wie er die vermögenden Mitglieder seines Sprengels zum Spenden anhalte.

Mit kleinen Beträgen während der Messe lasse er sich nicht abspeisen. In seiner Pfarrei lebten durchaus wohlhabende Leute, die das nationale und internationale Hilfswerk der deutschen Katholiken mit sehr namhaften Summen aufzustocken pflegten. „Mit gesonderten großen Zuwendungen wohl?“ fragte interessiert der Papst. „Nein, Heiliger Vater, auch nach den heiligen Messen“, bekräftigte der Prälat, „am Schluß jeder heiligen Messe sage ich stets: ‚Wenn jetzt der Klingelbeutel umgeht, will ich kein Klappern hören, nur Knistern!‘“

„Nanu –“, zweifelte Johannes, „ist denn das nicht ein bißchen derb?“ (Der Papst hatte das Wort *pesante* gebraucht.)

„Durchaus nicht, Heiliger Vater“, gab der Prälat animiert zurück. „Für meine Schäfchen ist das schon feinster Humor, sublimer Esprit von höchstem Stimulans.“

Bei dieser Erwiderung schüttelte Johannes mehrmals still vor sich hinlächelnd sein Haupt. Alsdann sagte er: „Wissen Sie, lieber Freund, wenn arme Menschen eine Münze *opfern*, fällt immer ein Stück Herz mit in den Klingelbeutel ... Ich höre es deshalb doch lieber ... klappern.“

ARM

Selten hat ein Papst sowenig an materiellem Hab und Gut zu hinterlassen gehabt wie Johannes XXIII. Ein recht kleines Vermögen hatte er früher einmal lediglich dazu angesammelt, um seiner Familie endlich das Haus zurückzukaufen, in dem er und seine Brüder geboren worden waren. Die Verwandten des Papstes können seit dem Kauf wieder unter einem eigenen Dach leben. Ursprünglich hatte das Elternhaus der Roncalli-Sippe gehört, doch ging es in den Zeiten wirtschaftlichen Niedergangs verloren. Dem Erzbischof von Wien, Kardinal König, vermachte der Papst sein Brustkreuz. Der Kardinal wird es nur bei besonderen Anlässen tragen.

Sosehr die Rothschilds und viele andere nach irdischen Gütern strebten, so wenig war diesem Papst daran gelegen. Dr. med. Piero Mazzani, der römische Arzt, der Johannes bis zuletzt mitbehandelte – er war Tag und Nacht in der Nähe –, erfuhr von dem Sterbenden beispielsweise, daß ein Füllfederhalter sein einziger greifbarer Nachlaß sei. „Nehmen Sie ihn als Zeichen meiner Wertschätzung“, flüsterte Johannes dem Arzt zu. „Sie haben soviel für mich getan, und ich habe nichts hier, um alle Ihre Fürsorge und Zuneigung zu vergelten. Nur diesen Füller hier habe ich. Nehmen Sie ihn bitte. Er ist fast neu. Ich habe ihn kaum benutzt.“

REISEFERTIG

Die ganze Welt hat mit tiefem Mitgefühl das Leiden und Sterben Papst Johannes' XXIII. verfolgt. Millionen Menschen warteten täglich auf die neuesten Rundfunk- und Fernsehnachrichten aus der Vatikanstadt. Die Tageszeitungen wurden den Händlern auf Straßen und Plätzen förmlich aus der Hand gerissen. Kummervolle Gesichter waren überall anzutreffen. Nicht nur bei den Katholiken lautete die bange Frage, ob „er“ wohl durchkommen würde. Zuviel wohlwollenden und dankbaren Widerhall hatte die allgemeine Friedenssorge dieses ungewöhnlichen Papstes auf der ganzen Welt hervorgerufen, um sein Sterben übersehen zu lassen. Selbst Atheisten waren von der Güte und Barmherzigkeit ergriffen, die Johannes in seinem Leben und Wirken ausgestrahlt hatte. Zu dem „Pfarrer der Welt" schienen alle Menschen Vertrauen gefaßt zu haben.

Der Grundstein seines fortschrittlich-religiösen und versöhnlichen Pontifikats wurde durch die Enzykliken „Mater et Magistra" und „Pacem in terris" sowie durch die Einberufung des Zweiten Vatikanischen Konzils zu Granit. Nicht undenkbar ist, daß aus Papst Johannes XXIII. ein Mythos wird, weil er, auch wieder auf ehernem Felsen der Menschenliebe bauend, wirklich den Frieden auf Erden gerettet hat. Er hat sein Leben lang immer nur an das Gute im Menschen geglaubt und ewig danach getrachtet, es zu gewinnen.

Das schwere Ringen mit dem Tode erfuhr, kurz bevor über sein mildes Herz und seine verzeihenden Augen die ewige Ruhe kam, eine Unterbrechung, die minutenlang frei von allen körperlichen Schmerzen noch einmal einen beglückenden heiteren Funken aus dem fröhlichen Roncalli-Charakter hell aufleuchten ließ. Schon bei früheren Gelegenheiten nahm der Papst seinen Todesahnungen das Leidvolle und Tragische, um immer wieder zu betonen, daß der Tod Gottes Wille sei und kein Anlaß zum Fürchten. Am 25. November 1962 sagte Papst Johannes in einer Ansprache mit dem Blick auf seinen 81. Geburtstag, er sei jederzeit bereit, dem Willen Gottes zu folgen. „Jeder Tag ist gut, um geboren zu werden, und jeder Tag ist gut zum Sterben." In der Generalaudienz vom 17. Januar 1963 erinnerte Johannes an die sorgenvollen Krankheitsberichte, die über ihn in der Weltpresse veröffentlicht worden waren, und bekräftigte abermals, daß er sich „gern bereit" halte. Am 27. Januar 1963 wehrte er sich aber gegen frühzeitige Sterbegesänge: „Der Papst", so stellte er selber fest, „lebt noch. Es ist also gar kein Grund vorhanden, ihn noch vor seinem Tode zu Grabe zu tragen." Und am 22. April 1963 sprach Johannes vor mehreren hundert Kindern im Damasushof der Vatikanstadt vom Sterben des 93jährigen Leo XIII. und daß auch diesem Papst schließlich das widerfuhr, „was uns allen einmal blüht", und sogar bald dem Papst, „der hier vor euch steht".

Beim letzten Wiedererlangen des Bewußtseins vor dem Einsetzen der Agonie blickte er in die Runde und wunderte sich über die vielen Leute um ihn. Man erzählte ihm, daß in der ganzen Welt unzählige Menschen aller Glaubensbekenntnisse für ihn beteten. „Die Welt redet davon", ließ sich der Papst vernehmen, „daß ich jetzt sterbe, und dabei bin ich doch immer da." Sodann dankte Johannes allen Gläubigen für ihr Gebet und sprach dem herbeigerufenen Dekan des Kardinalskollegiums, dem Kurienkardinal Eugen Tisserant, und den anderen Anwesenden den brennenden Wunsch aus, sein Nachfolger möge das Konzil zu Ende führen. „Im Augenblick meines Heimgehens", fuhr Johannes fort, „habe ich dem Heiligen Kollegium danken wollen. Ich fühle mich wie ein Opfer auf dem Altar für die Kirche, für das Konzil und für den Frieden. Ich segne das Heilige Kollegium." Konzentriert, aber mit immer schwächer werdender Stimme hörten die Umstehenden ganz leise, wie der Papst noch sagte: „Gottes Wille geschehe!"

Johannes selbst zerschlug die drückende, trauerschwere Atmosphäre im Sterbezimmer. Im vollen Bewußtsein seines Zustandes – die unheilbare Krankheit war längst kein Geheimnis mehr für ihn – versuchte er auch jetzt noch, die Menschen heiter zu sehen. Seine Angehörigen, seine treuesten und engsten Mitarbeiter sollten nicht traurig sein. Unter dem Aufbieten seiner letzten Kräfte versuchte er zu lächeln und wiederholte dann langsam die Worte, die er zur Erheiterung seiner Mitarbeiter und Freunde schon oft gebraucht hatte – sein sonst so munteres Händespiel war nur noch eine bedächtige Andeutung –, mit fast bittender Stimme: „Sorgt euch doch nicht so sehr um mich ... Ich bin bereit, die große Reise anzutreten. Meine Koffer sind gepackt. Ich kann jederzeit abfahren ..."